中国古代教育智慧
ZHONGGUOGUDAIJIAOYUZHIHUI

孟子
的教育智慧

 金卫国 著

中国商业出版社

图书在版编目（CIP）数据

孟子的教育智慧 / 金卫国著 . -- 北京：中国商业出版社，2018.7
ISBN 978-7-5208-0409-7

Ⅰ . ①孟… Ⅱ . ①金… Ⅲ . ①儒家教育思想—研究—中国 Ⅳ . ① G40-092

中国版本图书馆 CIP 数据核字（2018）第 122618 号

责任编辑：王彦

中国商业出版社出版发行
010-63033100 www.c-cbook.com
（100053 北京广安门内报国寺 1 号）
新华书店经销
天津兴湘印务有限公司
* * * * *
710 毫米 ×1000 毫米　1/16 开　10.5 印张　120 千字
2018 年 8 月第 1 版　2018 年 8 月第 1 次印刷

定价：35.00 元
* * * * *
（如有印装质量问题可更换）

目 录

第一部分　孟子的教育思想 ……………………………… 1
 一、孟子简介 ……………………………………………… 3
 二、孟子的教育思想 ……………………………………… 5
  （一）教育基础——"性善论" ………………………… 5
  （二）教育目的——"明人伦" ………………………… 7
  （三）孟子论教育的作用 ……………………………… 8
  （四）孟子的道德教育和人性修养思想 …………… 10

第二部分　《孟子》的教育智慧 ………………………… 15
 一、"得天下英才而教育" ……………………………… 17
 二、"教亦多术" ………………………………………… 18
 三、启发教学与深造自得 ……………………………… 20

第三部分　《孟子》选编 ………………………………… 23
 一、梁惠王　上 ………………………………………… 25
  故事：冯谖客孟尝君 ………………………………… 26
  故事：唐太宗"安人宁国" …………………………… 30
  故事：康熙帝勤政爱民治天下 ……………………… 33
 二、梁惠王　下 ………………………………………… 36
  故事：大国尚武，小国应互助 ……………………… 38

故事：刘邦约法三章得天下 ………… 42
三、公孙丑 上 ………… 44
　　　故事：孔子进退自如 ………… 52
　　　故事：商纣王酒池肉林终亡国 ………… 56
　　　故事：人性本善 ………… 59
四、公孙丑 下 ………… 61
　　　故事：诸葛亮草船借箭 ………… 62
　　　故事：羊续悬鱼拒馈遗 ………… 65
五、滕文公 上 ………… 67
　　　故事：上行下效 ………… 70
　　　故事：文景之治 ………… 75
六、滕文公 下 ………… 78
　　　故事：卓茂教人仁爱礼义 ………… 80
　　　故事：刘邦敬老得贤臣 ………… 83
七、离娄 上 ………… 86
　　　故事：周幽王昏庸亡国 ………… 86
　　　故事：诸葛亮七擒孟获 ………… 88
　　　故事：暴君导致夏朝亡 ………… 91
　　　故事：洪佛子舍身救百姓 ………… 93
　　　故事：黄庭坚涤亲溺器 ………… 95
　　　故事：朱寿昌弃官寻母 ………… 98
八、离娄 下 ………… 100
　　　故事：平天下先兴礼仪 ………… 100
　　　故事：许衡拒绝白吃梨 ………… 101
　　　故事：李士谦乐善好施 ………… 103
　　　故事：张曜拜妻为师 ………… 105
　　　故事：舜孝感动天 ………… 107

故事：拔苗助长 ………………………………………… 110
九、万章 上 ……………………………………………………… 111
　　故事：王祥求鲤 ………………………………………… 113
　　故事：汉文帝侍母尝药 ………………………………… 118
　　故事：尧帝为民谋福利 ………………………………… 122
十、万章 下 ……………………………………………………… 124
　　故事：晋悼公用贤 ……………………………………… 126
　　故事：徐光启和利玛窦 ………………………………… 128
十一、告子 上 …………………………………………………… 132
　　故事：周处自新 ………………………………………… 133
　　故事：孟母三迁 ………………………………………… 134
　　故事：申鸣忠孝不能两全 ……………………………… 138
十二、告子 下 …………………………………………………… 140
　　故事：诚信为本 ………………………………………… 140
　　故事：唐伯虎推窗 ……………………………………… 141
十三、尽心 上 …………………………………………………… 143
　　故事：刘伯温进退自得 ………………………………… 143
　　故事：孔融让梨 ………………………………………… 146
　　故事：呕心沥血谱华章 ………………………………… 147
　　故事：中山君有感于礼 ………………………………… 149
　　故事：尊师重道 ………………………………………… 151
　　故事：秦襄王"不爱百姓" …………………………… 153
十四、尽心 下 …………………………………………………… 156
　　故事：良臣贤相诸葛亮 ………………………………… 156
　　故事：嘉庆慈爱得民心 ………………………………… 158
　　故事：清官吴隐之 ……………………………………… 160

第一部分 孟子的教育思想

孟子的教育智慧

一、孟子简介

孟子（约前372年—前289年），姓孟名轲，战国中期邹国（今山东邹县）人，是战国时期著名的思想家、政治家、教育家，也是先秦儒家的代表人物，与孔子齐名，世称"孔孟"。孟子出身贵族，他的祖先是鲁国晚期显赫一时的孟孙。但到了孟子出生的时候，他的家族已趋没落。春秋晚期的大混乱，使他们的家族渐趋门庭式微，被迫从鲁迁往邹；历事维艰，到孟子幼年时，只得"赁屋而居"了。

孟子降生图

孟轲三岁丧父，幼年时期的教育都得力于母亲一人。"孟母三迁""断机劝学"的故事，成为家教佳话，广泛流传。长大后，孟轲受业于孔子的嫡孙子思，曾游学于齐都稷下学宫。四十岁以后，游说各国，曾到过梁、齐、宋、滕、鲁等国。但当时几个大国都致力于富国强兵，试图通过暴力手段实现统一，所以孟子在各国虽备受礼遇，但其仁政学说却被认为是"迂远而阔于事情"。因此，终因其政治主张与时势不合，而无法实现自己的政治抱负。最后孟子再到齐国，被齐宣王聘为客卿，"受上大夫之禄，不任职而论国事"，但齐宣王也不肯实行孟子的主张，孟子遂告老还乡，退居讲学，从事教育工作。他和自己的学生

中国古代教育智慧

孟子受业子思图

公孙丑、万章等一起"序《诗》《书》，述仲尼之意，作《孟子》七篇"。

孟子一生从事教育工作。他第一次到齐都稷下时，可能已经开始聚徒讲学；而最后一次到齐国时，"后车数十乘，从者数百人"，已是学生众多名噪一时的大师了。作为中国古代著名的思想家、教育家，他的教育思想对中国的教育有着长远而深刻的影响。"知人论世""以意逆志"的文学批评法，"知言养气"的哲学思想、"浩然之气"的美学理念、"气势磅礴"的说理艺术，无不闪烁着智慧的光芒。

二、孟子的教育思想

孟子在新形势下发展了孔子的思想。他在"诚"本体的基础上，构筑起包括天道观、性善论、仁政说、英雄史观等的唯心主义思想体系。孔孟之道奠定了儒家学说的根基，而思孟学派所发展的"心性之学"则孕育了后来的宋明理学。孔子、孟子的学说虽然不行于当世，但是当封建制度确立后需要相应的上层建筑为之服务时，他们的学说即刻受到重视，被确定为封建制度下的正统思想，对我国封建社会的发展，包括教育和文化的发展，都产生了深刻的影响。

孟子继承并发挥了孔子的教育思想，对许多问题比孔子讲得更为明确、生动；同时，孟子又在新提出的性善论基础上，发展出"心性之学"。

孟子对中国封建教育的发展，特别是宋代以后的理学教育影响深远，人称"亚圣"。具体而言，孟子的教育思想主要体现在以下四个方面：

（一）教育基础——"性善论"

孔子曾提出"性近习远"，对人性善恶没有表态。"孟子道性善，言必称尧舜。"《孟子》性善论的根据是："所以谓人皆有不忍人之心者，今人乍见孺子将入于井，皆有怵惕恻隐之心，非所以内交于孺子之父母也，非所以

孟子

中国古代教育智慧

亚圣孟子

要誉于乡党朋友也,非恶其声而然也。由是观之,无恻隐之心,非人也;无羞恶之心,非人也;无辞让之心,非人也;无是非之心,非人也。恻隐之心,仁之端也;羞恶之心,义之端也;辞让之心,礼之端也;是非之心,智之端也。人之有是四端也,犹其有四体也,有是四端而自谓不能者,自贼者也。"又说:"人之不学而能者,其良能也;所不虑而知者,其良知也。"简言之,人生而有不忍人之心和仁、义、礼、智"四端"。这是先验的、超功利的、天赋的良知良能,是人之所以为人、人同禽兽的分别。

"四端"扩充开来即为"四德"。这需要有信心,要经过主观的努力。"凡有四端于我者,知皆扩而充之矣。若火之始然,泉之始达。苟能充之,足以保四海;苟不充之,不足以事父母。""人皆可以为尧舜",自谓不能、自暴自弃是没有道理的,是有害的。

既然人性善,为什么有为不善的,有恶人呢?《孟子》说,此非性之罪也,而是环境陷溺其心,"四端"遭泯灭所致。他举例说,水向下流是水的本性,但在外力作用下水可倒流、可上山。不过处于同样恶劣的环境中,"如舜居深山之中,其所以异于深山之野人者,几希",然而舜"闻一善言,见一善行,若决江河,沛然莫之能御也",故舜成为圣人,而野人仍为野人。恶劣环境中也有"善言""善行",所以能否为善关键还在于有无积极向善的主观愿望和奋斗精神。

《孟子》还提出"尽其心者，知其性也；知其性，则知天矣"的认识路线，认为人的心性来自天赋与天相通，只要发挥主观能动性，尽量扩充自身善端，就能达到天人合一的境界。

《孟子》性善论是唯心主义的，目的是证明宗法道德的合理性与自觉修养道德的必要性。孟子等人就人性问题展开辩论，深化了对人自身本质的探讨，给以后中国思想界提出一个重要课题。性善论是《孟子》哲学思想的重要内容，是其论证教育基本问题及阐述教育教学原则、方法的理论基础。

（二）教育目的——"明人伦"

《孟子》提出学校要"教以人伦"。"父子有亲、君臣有义、夫妇有别、长幼有序、朋友有信"，"申以孝悌之义"。办学目的在于"明人伦"，使学生懂得并遵守维护社会尊卑、贵贱、男女、长幼、朋友关系的封建道德规范，培养自觉服从封建统治秩序的君子、圣贤。

"亲亲，仁也；敬长，义也。"明人伦的教育也就是自觉体认和扩充"四端"为"四德"的实际内容。《孟子》要求学校的智育、美育都要为明人伦的目的服务，围绕孝悌仁义来进行。"仁之实，事亲是也；义之实，从兄是也；智之实，知斯二者弗去是也；礼之实，节文斯二者是也；乐之实，乐斯二者。"这样，封建伦理道德教育就成了学校教育的主体

孟子雕像

中国古代教育智慧

孟母断机教子

和中心了。

中国封建社会的教育都把《孟子》提出的"明人伦"当作教育目的。这对于统一办学思想、统一教学内容和培养目标是有积极意义的。明人伦的教育对于封建政权的巩固和社会秩序的稳定有过历史性贡献;对于形成中国人重视道德的价值观念,中国以"礼义之邦"著称于世都有重大作用。《孟子》讲的伦理关系是双向的,要求双方都承担相应的道德责任,这对于君权、父权是有某种约束作用的。"君之视臣如手足,则臣视君如腹心;君之视臣如犬马,则臣视君如国人;君之视臣如土芥,则臣视君如寇仇。"这是《孟子》思想的民主性精华。

但是,把学校教育目的局限于明人伦上,有重德轻智倾向,忽视自然知识的教育,对中国古代教育也是有消极作用的。

(三)孟子论教育的作用

1.从国家和社会角度来说,教育是"行仁政""得民心"的重要手段。

《孟子》在性善论基础上,提出仁政思想。"以不忍人之心,行不忍人之政,治天下可运于掌上。""不忍人之政"即是仁政。仁政必须重视教育,谨庠序之教,申之以孝悌之义。因为只有教育才能培养"仁者"造就"俊杰";任用这样的人做官才能施行仁政,治天下如运股掌。"不信仁贤,则国空虚。"

《孟子》十分重视民心向背,它提出"民

为贵，社稷次之，君为轻"的著名论断，在历史上有很大影响。孟子认为教育是得民心的重要手段，提出"善政不如善教之得民也。善政民畏之，善教民爱之；善政得民财，善教得民心。"

总之，教育对于施行仁政、巩固政权，实现社会的统一和谐，有十分重要的作用。忽视教育，则"上无礼，下无学，贼民兴，丧无日矣！"

稷下学宫遗址

稷下学宫是当时诸多学派学者议学、议政的地方。创建于齐桓公时期，另说是齐威王时期。齐宣王时达到其鼎盛阶段后开始衰落，到齐襄王得以中兴，后逐渐走向了消亡。稷下学宫，又称稷下之学，稷下是齐国国都城门，位于齐国国都临淄（今山东淄博市）稷门附近。

行仁政要"制民恒产""省刑罚，薄税敛"，让百姓免除饥寒交迫，过上安居乐业的日子。有了这样的物质条件，还需开办学校，抓紧教育工作。这是因为教育能使百姓树立起人格追求的自觉性，使社会形成良好的道德风尚。如此则天下归心，不用战争残杀即可以"王天下"。一方面，"有恒产者有恒心"；另一方面，"饱食暖衣，逸居而无教，则近于禽兽。"《孟子》把教育和经济、人民物质生活联系起来，发挥孔子"庶富教"的思想，勾画出一幅王道政治蓝图。

2．从人的发展层面说，教育是保存和扩充人的善端，形成高尚人格的决定力量。

《孟子》性善论认为"仁义礼智根于心""非由外铄我也，我固有之也。"但是，天赋于人的只是善端，而非完全的道德；况且，人受环境影响，善端遭陷溺就会为不善。

诸子序说图

所以说教育是十分必要的。学问之道无他,求其放心而已矣。教育的作用即在于促进人对自身固有善端的体认,获得道德修养的主体意识,保存、扩充和发展善端,成为道德上的完人、圣贤。

人有天赋善端,"苟得其养,无物不长;苟失其养,无物不消。"性善论解释了教育的机制,对教育培养高尚人格的作用是满怀信心的,包含有外因需通过内因起作用的合理成分。但是,性善论是唯心主义的,这就使《孟子》关于教育的机制和作用的论述,蒙上神秘色彩。

(四)孟子的道德教育和人性修养思想

《孟子》在其性善论基础上,提出了以"存心养性"为核心的一系列道德教育和修养的原则、方法,继承、发展了孔子的德育思想,对于铸造我国封建士大夫品格产生过深刻的影响。

1. 存心养性

《孟子》性善论把存心、求放心当作教育的任务和个体修养的内容,说:"仁,人心也;义,人路也。舍其路而弗由,放其心而不知求,哀哉!人有鸡犬放,则知求之,有放心而不知求!学问之道无他,求其放心而已矣。"

"养心莫善于寡欲。其为人也寡欲。虽有不存焉者寡矣。其为人也多欲,虽有存焉者寡矣。"这是因为心是善之本,也是人体的"大官"。"心之官则思",存心才能获得对善的理性自觉。人欲则源于耳、目、口、鼻、舌等感觉器官。人的感觉器官属"小官",没有理性,不能辨别是非,只是追求享乐,一遇外物便被引向迷途,成为存心的障碍。

《孟子》存心寡欲的主张,提出道德修养必须正确对待物质欲望问题。它要求人们追求高尚的精神生活,不要贪图物质生活享受,物质享受方面的欲望多了,将妨碍精神境界的提高,这是其合理性的一面。另一方面,它把二者绝对对立起来,"何必曰利,亦有仁义而已矣。"则是走向极端了。同样,它强调思维对道德修养的重要性,要求树立对道德的理性自觉,是合理的因素。但是视感觉器官为"小官",轻视感性认识,割裂理性认识与感性认识的联系,进而说"从其大体为大人,从其小体为小人",则是不科学的。

孟林享殿

孟林享殿是孟子后裔祭祀孟子的场所,始建于明嘉靖四十一年(1562年),殿内设有供案和孟子神位,现存宋、元、明、清碑刻八幢,内容为祭祀孟子祭文和历代修建孟林情况。

2. 立志养气

《孟子》强调立志,志行高尚,"居仁由义,大人之事备矣"。它认为具有仁义理想的人,有一种高尚的精神力量,能把生死、荣辱、苦乐置之度外。"生亦我所欲也,义亦我所欲也;二者不可得兼,舍生而取义者也。""富贵不能淫,贫贱不能移,威武不能屈,此之谓大丈夫。"这些话已成为传世格言,中国历史上无数英雄豪杰无不蒙其教益,在今天仍然有教育意义。

《孟子》把立志与养气联系起来,说我"善养吾浩然之气"。什么是"浩然之气"?"其为

中国古代教育智慧

两圣碑

"两圣碑"即"孔子诞生圣地"碑和"孟子诞生圣地"碑。两碑并列立于邹城火车站西向铁路，碑均高3.3米，宽1.1米，1924年设立。

气也，至大至刚，以直养而无害，则塞于天地之间。其为气也，配义与道；无是，馁也。是集义而生者，非义袭而取之也。"显然，浩然之气是在精神上压倒一切的凛然正气。这种气在古今许多英雄人物身上确实是存在的。《孟子》认为浩然之气是以直（正义）培养出来的，是与道（道理）相配合，经过正义行为的不断积累所产生，而非一时一事所能成就的。可知，它是道德修养的最高境界，这对于我们的德育工作当有所启示。

3．反求诸己

在处理人际关系上，《孟子》根据孔子"君子求诸己"的要求，提出"反求诸己"原则。它说："亲人不亲，反其仁；治人不治，反其智；礼人不答，反其敬；行有不得者皆反求诸己。"《孟子》认为，能反求诸己，确实以仁爱、礼貌待人，一般来说是会得到相应的对待的；而一再反躬自求，确实相信自己没有不足，这时如对方仍以"横道"待我，那就只好把他看作禽兽，对禽兽则不必计较。这种严己宽人的风格，已经成了中华民族的传统美德，需要加以弘扬。

再进一步，《孟子》认为"祸福无不自己求之者"，一个人要"自求多福"，不可"自作孽"。它多次指出人不可自戕自侮、自暴自弃。"夫人必自侮，然后人侮之。""自暴者，不可与有言也。自弃者，不可与有为也。"这些话洋溢着乐观进取精神,对于认识人的主体作用,发挥主观能动性是有积极意义的,但是有唯意志论倾向。

4．知耻改过

《孟子》认为在道德修养上知耻与否关系重大。"人不可以无耻,无耻之耻,无耻矣。"这是因为"羞恶之心,义之端也"。知耻才能找回并发扬善端,才能改过迁善。

《孟子》主张要像子路那样"闻过则喜",像大禹那样"闻善言则拜"。它多方阐发孔子"过则无惮改思想",又进一步提出"与人为善"的要求。《孟子》说:"大舜有大焉,善与人同,舍己从人,乐取于人以为善。自耕稼、陶、渔以至为帝,无非取于人者。取诸人以为善,是与人为善者也,故君子莫大乎与人为善。""与人为善"首先要做到有过改过,无过也乐于学习别人长处;进而要"善与人同",积极为善,并偕同别人一道为善。这种虚心向别人学习、互相帮助、共同进步的思想,今天仍不失其借鉴意义。

5．磨炼意志

《孟子》在道德教育和修养方面非常重视磨炼意志。它有一段名言:"天将降大任于斯人也,必先苦其心志,劳其筋骨,饿其体肤,空乏其身,行拂乱其所为,所以动心忍性,曾益其所不能。"在这里,《孟子》没有讲"良知"、

孟母教子图

中国古代教育智慧

亚圣林

"良能",而是强调了自觉地刻苦磨炼的重要性,这实际上摆脱了性善论,承认"天"并不能代替环境的磨砺而使人增益其才能。因此,这段话是带有唯物论倾向的,只是带了点唯心论的尾巴,说这样的环境是"天"有意安排的。

第二部分 《孟子》的教育智慧

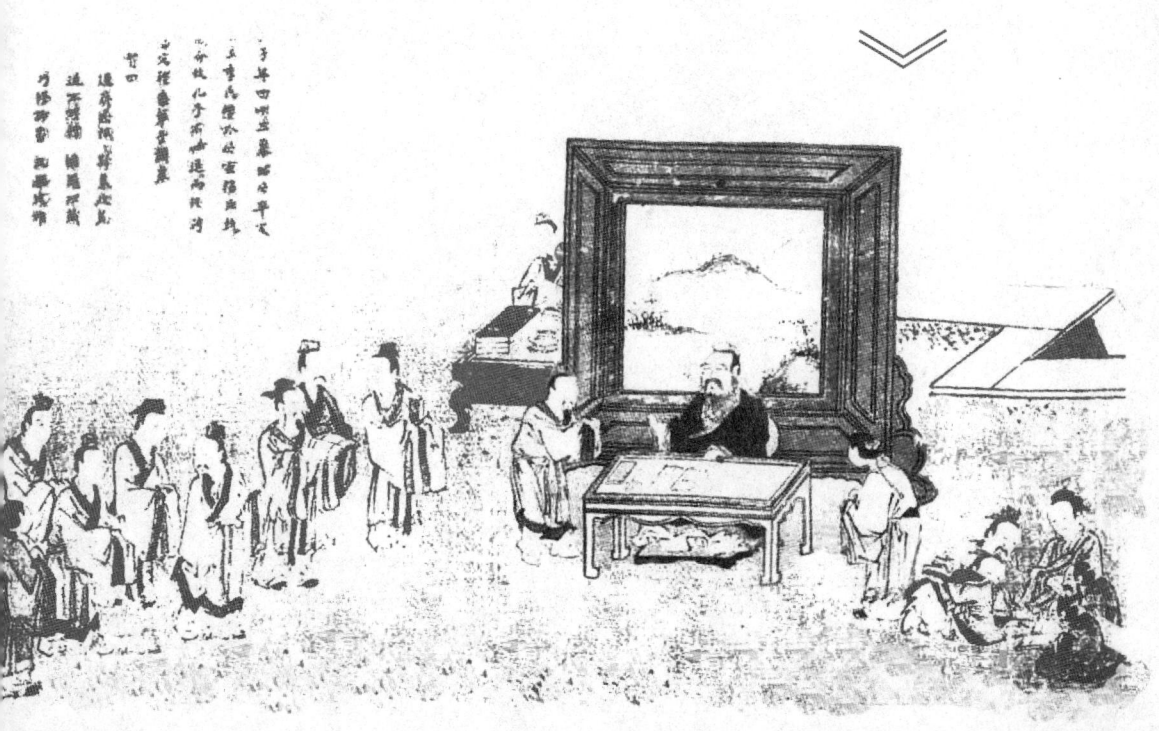

一、"得天下英才而教育"

《孟子·尽心上》讲了君子三大快乐,"得天下英才而教育"列为第三,孟子在这里讲的是教书育人之乐,本意是说通过教育使学生成为英才,促进学生成长。孟子这样说,也这样做,他谆谆教导公孙丑要养"浩然之气",教导万章要"友其德",使他们都成为英才。

再看我们的教育,我们面对的是新时期活生生的学生群体,每一位学生都是生动活泼的人、发展的人,所以在教师的教学理念中,更应该关注包括每一位学生在内的所有学生,用心施教、快乐施教,让每一位学生都能健康地成长,成为适应时代发展需要的"英才"。这也是"一切为了学生发展"的教育核心理念的体现。

对基础教育而言,要对课上、课外总违反校规校纪的"问题学生"施之以爱;对成绩很差、经常惹麻烦、屡教不改的"混混学生"不能一弃了之,不能看着他们混出校园、混向社会。更多地关注每一位学生,"得天下众生而教育为英才"是师乐的新境界,是新课程下育人观的新境界。

孟子的教育智慧

孟子庙

孟子庙又称"亚圣庙",是历代祭祀孟子的地方。孟子庙奉祀,始于宋景祐四年(1037年)。初建于邹城东北,距城十三公里的四基山西南麓,孟轲陵墓之前。因距城较远,后迁至邹县临郊。宋宣和三年(1121年),又建在现在的地址。后历经金、元、明、清数十次重修扩建,具有了现在的规模。

中国古代教育智慧

孟子说徒讲学图

二、"教亦多术"

《孟子·尽心上》"君子所以教者五：有如时化之者，有成德者，有达财者，有答有问者，有私淑艾者。此五者，君子之所以教也。"

《孟子·告子下》也曾说"教亦多术矣。予不屑之教诲也者，是亦教诲之而已矣。"孟子的教育方法讲究及时；要教育他人养成良好的品德；要培养学生的才能；解答他人疑问、授人以知识；用自己的学识风范感化他人，使他人在潜移默化中接受教育。这五种不同的教育方式体现了教育的灵活性。

《孟子》以流水为喻，生动地阐述了孔子循序渐进的思想。"流水之为物也，不盈科不行；君子之志于道也，不成章不达。"坚持循序渐进原则，必须反对急躁躐等，因为"其进锐者，其退速。"同时，《孟子》讲循序渐进，还有不舍昼夜、持之以恒的意思。它说："原泉混混，不舍昼夜。盈科而后进，放乎四海。有本者如是，是之取尔。"因此，坚持循序渐进原则，还必须反对"一曝十寒""半途而废"。

从《孟子》的观点中不难看出，他主张教育要依据学生的不同情况，从实际出发，注意差异、因材施教，尤其是"不屑教诲"这种独

孟子的教育智慧

特的教育方式，更值得当代的教育者去关注和研究，这说的是有些事情是不用教诲的。教育是科学更是艺术，教育的生机在于创新，"不屑于教"就是教育科学、教育艺术。"不屑于教"的生机在于创新，在于因时因事的创新。不从正面教诲，不从正面讲道理，而从反面激发学生的自尊心，这即是创新的准则。在正面教导无果或效果不佳的情况下，适时合理采用"不屑于教"的教育方法，让学生感觉到因为自己的原因，老师疏远了自己，只有改变自己才能回到老师关注的目光和爱的怀抱。这样激发学生的求知欲望，让学生更加积极主动地求知。"不屑于教"也就达到了优化教学效果的目的。

孟子周游列国图

中国古代教育智慧

孟子著书立说

三、启发教学与深造自得

孔子最先提出启发教学原则。《孟子》则继续深化了孔子的这一思想,更加强调启发学生学习的主动性和积极性。学生要自求自得,教师不应代替学生思考做结论,也不应降低对学生的要求。它说:"君子引而不发,跃如也。中道而立,能者从之。"又说:"梓匠轮舆能与人规矩,不能使人巧。"

《孟子·告子上》:"思则得之,不思则不得。"强调思考对学习的重要性,思考就会有所得,不思考就无收获。要求人们主动自觉地用心思考,获得知识。孟子说:"君子深造之以道,欲其自得之也;自得之,则居之安;居之安,则资之深;资之深,则取之左右逢其源,故君子欲自得之也。"

《孟子》依然强调依循正确的认识方法来获得高深的造诣,自觉地有所得,牢固地掌握不动摇,厚积薄发,就能取之不尽,左右逢源。这正如叶圣陶先生所言:"学生自己动脑筋,得到的东西格外深刻。光听老师讲,自己不思考,得到的东西就不太深刻。"

看一看我们的课堂教学,"满堂灌"现象仍有很大市场,"满堂问"这种所谓的新理念又应运而生,好像要突出学生主体性,就要把所有问题交给学生,我们不禁要问:"学生有时间思考吗?"

教学要引导学生主动地学习，主动地参与教学过程，充分尊重学生学习的独立性，培养学生独立学习的能力，重视学生思考带来的体验性。还要鼓励学生通过思考对学习内容进行个性化解读，使学习成为一个富有生机的思考过程，也使教育更符合教育规律。

祭奠孟子图

《孟子》提倡尽心、知性、知天，认为"万物皆备于我矣"。因此只要自己自觉体认，积极思考，便会获得知识德性，即所谓"思则得之，不思则不得也"，"求则得之，舍则失之，是求有益于得也，求在我者也。"《孟子》认为，也只有这种自觉探求思考得来的知识，才能掌握得牢固，运用起来得心应手。它说："君子深造之以道，欲其自得之也。自得之，则居之安；居之安，则资之深；资之深，则取之左右逢其源。故君子欲其自得之也。"

《孟子》从性善论出发，强调知识德性的内烁内求，重视独立思考的作用，发挥教为诱导、学为主体的思想，发展了孔子启发教学原则，但是也使之蒙上了神秘色彩，而且有忽视闻见之知的倾向。

第三部分 《孟子》选编

一、梁惠王 上

【原文】

孟子见梁惠王①。王曰:"叟不远千里而来,亦将有以利吾国乎?"

孟子对曰:"王何必曰利?亦有仁义而已矣。王曰:'何以利吾国?'大夫曰:'何以利吾家?'士、庶人曰:'何以利吾身?'上下交征利而国危矣。万乘②之国,弑其君者,必千乘之家;千乘之国,弑其君者,必百乘之家。万取千焉,千取百焉,不为不多矣。苟为后义而先利,不夺不餍③。未有仁而遗其亲者也,未有义而后其君者也。王亦曰仁义而已矣,何必曰利?"

梁惠王时商业重镇复原图

【注释】

①梁惠王:即战国时魏惠王(前370年—前319年在位)。因其在公元前361年把都城从安邑迁到大梁,故也被称为梁惠王。"惠"是其死后的谥号。

②乘:量词,古代战争的形式主要是车战,一辆兵车由四匹马拉称为一乘,车上有三名武装战士,后有若干步兵。古代常用兵车的多少衡量诸侯国或卿大夫封邑的大小。

③餍:满足。

中国古代教育智慧

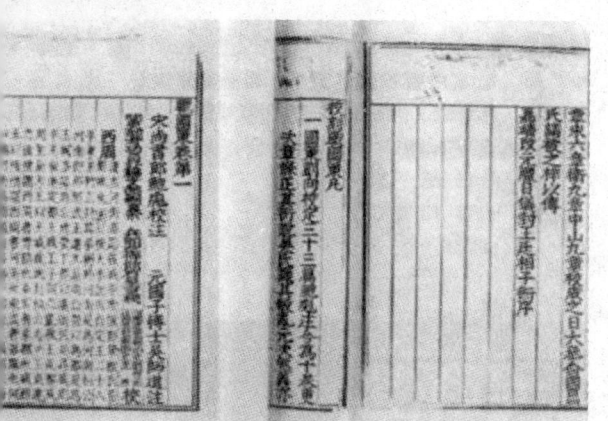

《冯谖客孟尝君》书影

【译文】

孟子拜见梁惠王。惠王说:"老人家不远千里前来,将使我国有所获利吗?"

孟子答道:"大王何必说利呢?还有仁义嘛。大王说:'用什么使我国获利?'大夫说:'用什么使我家获利?'士和庶人说:'用什么使我自身获利?'上下相互争夺利益,国家就危险了。拥有万乘兵车的国家,杀害君主的必定是拥有千乘兵车的大夫;拥有千乘兵车的国家,杀害君主的必定是拥有百乘兵车的大夫。万中取千,千中取百,不能算不多了。倘若不顾义而看重利,不夺取全部是不会满足的。讲究仁的人从来不会遗弃他的亲族,讲究义的人从来不会不顾他的君主。大王说说仁义吧,何必说利呢?"

【故事】

冯谖客孟尝君

战国时期,战国四公子之一齐国的孟尝君礼贤下士,门下有食客曾达数千人。其中有一个食客叫冯谖,他曾在孟尝君家弹剑唱道"长铗归来乎,食无鱼、出无车、无以为家……",后来冯谖食有鱼、出有车,他的母亲也得到了孟尝君的照顾。

有一天,孟尝君发出个通告,要在府里的

宾客中找个能代替自己去薛地收债的人。冯谖自告奋勇，于是孟尝君派他去收债。辞行时，冯谖问道："债款收齐，需要买些什么回来吗？"孟尝君说："看我家里缺少什么，就买什么吧。"冯谖到了薛城后，派官吏召集百姓核对好借约后，假传孟尝君的命令，把借款赐给百姓，烧掉借约，百姓齐声欢呼。

事情办完后，冯谖马不停蹄地赶回去进见孟尝君。孟尝君奇怪他为何回来这么快，便问道："债款全收齐了吗？怎么回来的这么快呀？"冯谖回答说："收齐了。"孟尝君又问："用其买了些什么回来呢？"冯谖说："您说'家里缺什么就买什么'，我考虑您府里堆满了珍宝，好狗好马挤满了牲口棚，堂下也站满了美女。现在还缺少的东西就要算'义'了，因此我替您买了'义'。"孟尝君问："怎么个买法？"冯谖说："如今您只有一小块薛地，却不能抚育爱护那里的百姓，反用商贾的手段向百姓取利息，我私自假传您的命令把借约烧了，百姓齐声欢呼，这就是我给您买的'义'啊。"孟尝君很是不高兴。

过了一年，齐泯王对孟尝君说："我不敢拿先王的臣子作为自己的臣子。"孟尝君只好回到封邑薛地去了。走到距薛地一百里的地方，见到百姓扶老携幼，在大路上迎接孟尝君。孟尝君这才回头对冯谖说："先生替我买的'义'，我在今天看到了。"

仁义相对于钱和物来说是看不见摸不着

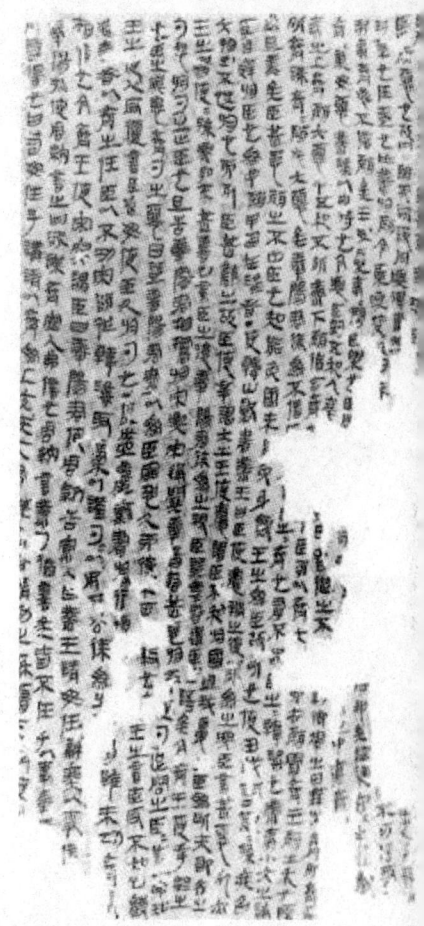

《冯谖客孟尝君》帛书

中国古代教育智慧

孟尝君

"战国四公子"之一,齐国宗室大臣。姓田名文,字孟,封于尝邑,故号孟尝君。他以礼贤下士著称,养士数千人,成为齐国的重要政治力量。

的,因此孟尝君对冯谖买仁义非常不高兴。但当孟尝君被齐王贬回薛地时就认识到昔日失去的利益今天加倍地得到了回报,这正是"仁义重于利"的体现。

【原文】

梁惠王曰:"寡人之于国也,尽心焉耳矣。河内凶,则移其民于河东,移其粟于河内。河东凶亦然。察邻国之政,无如寡人之用心者。邻国之民不加少,寡人之民不加多,何也?"①

孟子对曰:"王好战,请以战喻。填然鼓之,兵刃既接②,弃甲曳兵而走。或百步而后止,或五十步而后止。以五十步笑百步,则何如?"

曰:"不可!直不百步耳,是亦走也。"

曰:"王如知此,则无望民之多于邻国也。不违农时,谷不可胜食也;数罟不入洿池③,鱼鳖不可胜食也;斧斤以时入山林,材木不可胜用也。谷与鱼鳖不可胜食,材木不可胜用,是使民养生丧死无憾也。养生丧死无憾,王道之始也。五亩之宅,树之以桑,五十者可以衣帛矣。鸡豚狗彘之畜,无失其时,七十者可以食肉矣。百亩之田,勿夺其时,数口之家可以无饥矣。谨庠序④之教,申之以孝悌之义,颁白者不负戴于道路矣。七十者衣帛食肉,黎民不饥不寒,然而不王者,未之有也。狗彘食人食而不知检,途有饿莩⑤而不知发,人死则曰'非我也,岁也。'是何异于刺人而杀之,曰'非我也,兵也。'王无罪岁,斯天下之民至焉。"

【注释】

①河内、河东：河内，指黄河以北今河南省沁阳、济源、博爱一带。河东，指黄河以东今山西省西南部，当时两地都是魏国的领土。

②兵：兵器。

③数罟（shuò gǔ）：密网。洿（wū）池：大池。

④庠序：古代地方所设的学校。

⑤莩（piǎo）：饿死的人。

孟子说梁惠王

【译文】

梁惠王说："我对国家，尽心极了！河内饥荒，就把那里的民众迁移到河东，把河东的粮食运到河内去赈济，河东饥荒时我也这样。看看邻国的政绩，没有像我这样尽心尽力，可邻国的民众不见减少，我的民众不见增多，是什么道理呢？"

孟子回答道："大王喜好打仗，让我用打仗来作比喻。战鼓咚咚，交战开始了，战败的士兵丢盔弃甲拖着武器奔逃，有的跑了一百步才停下，有的跑了五十步就停下了。跑了五十步的人因此讥笑跑了一百步的人，行不行呢？"

惠王说："不行！他只不过没有跑到一百步，也同样是逃跑。"

孟子说："大王如果知道这个道理，就

中国古代教育智慧

唐太宗

唐太宗李世民（598年—649年），唐朝第二位皇帝，伟大的军事家，卓越的政治家，著名的书法家和诗人。堪称"千古一帝"。他在位期间国泰民安，社会安定，经济发展繁荣，军事力量强大。后人称他在贞观年间的统治为"贞观之治"。

不要希望你的民众比邻国多了。不违背农时，粮食就吃不完；密孔的鱼网不入池沼，鱼鳖就吃不完；按季节进入山林砍伐，木材就用不完。粮食和鱼鳖吃不完，木材用不完，就使得民众生死没有缺憾。生死没有缺憾，是王道的开端。五亩宅田种植桑树，年满五十的人就能穿上丝绸了；鸡鸭猪狗不失时节地畜养，年满七十的人就能吃上肉了；百亩农田不误了它的耕作时节，数口之家就能没有饥荒了；注重乡校的教育，强调孝敬长辈的道理，须发斑白的人就不至于在道路上背负东西了。年满七十的人能穿上丝绸、吃上肉，老百姓能不受饥寒，做到了这些而不称王天下的还从未有过。猪狗吃着人的食物而不知道制止，路上有饿死的人而不知道赈济，人死了反而说'与我无关，是年成不好。'这和把人杀了却说'与我无关，是武器伤害的'有什么不同。大王不要怪罪年成不好，那么天下的民众就来投奔你了。"

【故事】

唐太宗"安人宁国"

隋末，唐太宗李世民借助农民起义的力量而起家，最终坐上皇帝的宝座，因此他在位期间汲取隋亡的教训，认识到老百姓的力量完全可以决定一个国君的命运。为了避免重蹈覆辙，他从贞观初年就开始注意处理好与老百姓的关系。他为政初期就采取了"安人宁国"的利民政策。

唐太宗常说:"舟所以比人君,水所以比黎庶。水能载舟,亦能覆舟。""国以民为本"。他认为民心向背乃是国家存亡的关键。为了做到"安人宁国",必须删削繁苛,先存百姓,"安诸黎庶",使其"各有生业"。为此,李世民实行了"省徭赋""务积于人"的政策,尽量减轻人民的徭役和赋税负担,让老百姓能生存下去。他说:"治国犹如栽树,本根不摇,则枝叶茂荣。君能清净,百姓何得不安乐乎!"只有"徭役不兴,年谷丰稔",百姓才能安乐,国家才有安宁的基础。他深知"徒益其奢侈",乃是危亡之本。为此,于贞观之初,采取一系列厉行节约、限制奢侈的措施,如停止诸方进贡珍贵异品,限制营造宫室,破除厚葬的陈规旧俗,规定葬制一律从简,如有违反,依法问罪。在他的影响下,当时有许多重臣,一般也都崇尚俭约的生活和简肃的作风。与此同时,李世民也注重体察民间疾苦,并采取一些相应的"恤民"措施。所有这些都是服务于他"安人宁国"这一治国的总指导思想。

通过他从政治、经济、军事、文化、思想、民族等诸多方面实行的一系列开明政策,采取的一系列整顿和改革措施,有力地促进了社会、经济、文化的恢复和发展,人民生活逐

唐太宗墓

中国古代教育智慧

梁惠王问战

渐趋于安定，国力不断加强，从而在中国封建社会历史上出现了"贞观之治"的繁荣兴旺局面。

【原文】

梁惠王曰："晋国，天下莫强焉，叟之所知也。及寡人之身，东败于齐①，长子死焉；西丧地于秦七百里；南辱于楚。寡人耻之，愿比死者壹洒之②，如之何则可？"

孟子对曰："地，方百里而可以王。王如施仁政于民，省刑罚，薄税敛，深耕易耨；壮者以暇日修其孝悌忠信，入以事其父兄，出以事其长上，可使制梃以挞秦楚之坚甲利兵矣。彼夺其民时，使不得耕耨以养其父母。父母冻饿，兄弟妻子离散。彼陷溺其民，王往而征之，夫谁与王敌？故曰：'仁者无敌。'王请勿疑！"

【注释】

①东败于齐，长子死焉：指公元前343年马陵之战，齐威王派田忌、孙膑率军队救韩伐魏，大败魏军于马陵。魏将庞涓自杀，太子申被俘。

②壹：全，都。洒：同"洗"。

【译文】

梁惠王说："晋国是天下最强的国家，您老人家是知道的。到了我这一代，东面败于齐国，长子阵亡；西面被秦国占去七百里土地；南面遭到楚国的欺凌。我对此感到耻辱，愿意替死者洗刷所有的仇恨，怎样才能办到呢？"

孟子答道："拥有方圆百里的土地就能称王天下。大王如能对民众施行仁政，减省刑罚、薄敛赋税，深耕土壤、清除杂草；青壮年在空闲时修习孝悌忠信的道理，在家用这些来侍奉父兄，出外用这些来侍奉尊长，就能使他们提着木棒来打击秦、楚的坚甲利兵了。那些国家侵夺民众的农时，使他们不能耕种农田来养活自己的父母，父母挨冻受饿，兄弟、妻儿离散。那些国家虐害自己的民众，大王去讨伐他们，谁能和大王对抗？所以说仁者是无敌的，希望大王不要犹豫了。"

【故事】

康熙帝勤政爱民治天下

康熙帝（1661年—1722年在位），即清圣祖爱新觉罗·玄烨，是清顺治帝的第三子。用康熙作年号，是因为这两个字满文的意思是"安定太平"。康熙帝执政期间，勤政爱民，创造了一个太平盛世。

康熙帝是我国封建社会杰出的皇帝，他的一生在政治、军事、经济、文化诸多方面都有重大的贡献。他在位六十一年，是历代皇帝当权最长的。在他统治时期，中国形成了一个疆域辽阔、民族众多、强大统一的封建国家，屹立于世界的东方，使殖民者望而生畏，中国的封建经济文化发展到了鼎盛时

康熙帝

中国古代教育智慧

康熙塑像

期。康熙八岁登基,六年后清除了专擅朝政的鳌拜集团,亲自执掌了最高统治权力。他先后平定了南方的三藩叛乱和东南海疆,解决了东北的沙俄入侵和西北噶尔丹分裂边疆的问题。康熙在长期的战争中,运筹帷幄,率兵亲征。他那广阔的政治视野、敏锐的战略眼光和高明的作战指挥艺术,不仅对当时的治国治军和战争实践起了积极作用,而且对后世也有一定的影响。

在他几十年的执政时期采取了很多措施促进社会经济的恢复和发展,他一面禁止满族继续沿用落后的生产方式,如圈占房地、逮捕逃人、掠卖人口、霸占土地等;一面积极恢复发展农业生产。其主要措施有:积极鼓励垦荒,废止圈地令,实施更名田;整修黄河、淮河、运河的水利工程。康熙采取了一系列有利于国计民生的政策,尤其是在康熙五十一年(1712年)决定"永不加赋",取消新增人口的人头税,并最终演变成"摊丁入亩"制度。并大蠲赋税。耕地面积的迅速扩大,粮食产量得到了提高,百姓广泛种植经济作物,最终促进了农业经济的发展。康熙所推行的一系列社会经济政策,对于恢复、发展农业和手工业生产,促进商业贸易的发展,都是十分有利的,是具有进步意义的。

康熙帝是我国历史上一位文治武功兼备的杰出大政治家,他立志于社会的繁荣和人民的休养生息,他为促进社会经济的恢复和繁荣昌盛，维护国家的统一和国内各民族的团结，保卫祖国神圣领土的完整和主权的独立等做出了重要的贡献。

孟子的教育智慧

康熙通宝铜钱

中国古代教育智慧

孟子说齐宣王

二、梁惠王 下

【原文】

齐宣王问曰："交邻国有道乎？"

孟子对曰："有。惟仁者为能以大事小，是故汤事葛①，文王事昆夷②。惟智者为能以小事大，故大王事獯鬻③，勾践事吴。以大事小者，乐天者也；以小事大者，畏天者也。乐天者保天下，畏天者保其国。《诗》云：'畏天之威，于时保之。'"

王曰："大哉言矣！寡人有疾，寡人好勇。"

对曰："王请无好小勇。夫抚剑疾视曰，'彼恶敢当我哉！'此匹夫之勇，敌一人者也，王请大之！

"《诗》云：'王赫斯怒，爰整其旅，以遏徂莒④，以笃周祜，以对于天下。'此文王之勇也。文王一怒而安天下之民。

"《书》曰：'天降下民，作之君，作之师，惟曰其助上帝宠之，四方有罪无罪惟我在，天下曷敢有越厥志？'⑤一人衡行于天下⑥，武王耻之，此武王之勇也，而武王亦一怒而安天下之民。今王亦一怒而安天下之民，民惟恐王之不好勇也！"

【注释】

①汤事葛：汤，即商朝的创建者成汤。葛，古国名，故城在今河南宁陵县北。

②昆夷：殷末周初西戎国名。

③大（tài）王、獯鬻（xūn yù）：大王，也作"太王"，周文王的祖父，周族首领。獯鬻：古代北方的一个少数民族，周称猃狁（xiǎn yǔn），秦汉时称匈奴。

④莒：殷末国名（此从赵岐说），非西周分封，公元前431年为楚所灭的莒国。

⑤以上六句为《尚书》逸文，在伪古文《尚书》里放入《泰誓》中。

⑥一人：指殷纣王。周武王起兵伐纣灭殷。

【译文】

齐宣王问道："和邻国交往有准则吗？"

孟子答道："有的。只有仁者才能以大国侍奉小国，所以成汤侍奉葛伯、文王侍奉昆夷；只有智者才能以小国侍奉大国，所以太王侍奉獯鬻、勾践侍奉夫差。以大国侍奉小国，是安于天理；以小国侍奉大国，是敬畏天理。安于天理能保有天下，敬畏天理能保有自己的国家。《诗》说：'敬畏上天威灵，因而常得佑护。'"

宣王说："说得好啊！可是我有缺点，我崇尚勇武。"

孟子答道："希望大王不要崇尚小的勇武。按着刀剑、瞪着眼睛说他怎么敢对抗我啊，这是匹夫的勇武，只能抵敌一个人，希望大王进一步推广它。

"《诗》说：'文王赫然大震怒，整顿军

成汤

成汤，子姓，一称大乙、天乙、唐。商王朝的第一代君王。

中国古代教育智慧

齐王问政

队到前方，制止侵犯的敌人，增强周国的威望，酬答天下的向往。'这是文王的勇武，文王一怒而安定了天下的民众。

"《书》说：'上天降生下民，为他们造作了君王，造作了师傅。唯有他们能佑助天帝绥靖四方，有罪者、无罪者都由我负责，天下有哪个人胆敢违背上天的意志？'只要有一个人在世间作乱，武王就感到耻辱，这是武王的勇武，武王也是一怒而安定了天下的民众。现在假如大王也一怒而安定了天下的民众，民众唯恐大王不崇尚勇武呢！"

【故事】

大国尚武，小国应互助

春秋时期，虢国和虞国是相邻的友邦，晋献公想出兵攻打虢国，但必须经过虞国，他担心虞国不肯借路。这时，晋国大臣荀息给他献策说："您如果肯将垂棘（地名）所产的名贵玉石与屈产（地名，均属晋国领土）所出的良马奉送给虞国的国君，然后再向他借路，我想他会答应的。"

晋献公很犹豫，他想垂棘玉石是我祖传的宝贝，屈产宝马是我心爱的坐骑，如果虞国国君收下了我的珍贵礼物，仍不肯借路给我，那怎么办？

荀息似乎看出了献公的心思，就给他分析道："虞国的国君如果不肯借路，他是不敢随便收下我们的礼物；如果他收下了玉石和宝马，就一定会借路给我们。这两件宝贝，您有些舍不得，这也不要紧，只不过是暂时寄存在那里罢了，迟早还是要归还给您的。我们将垂棘玉石放在虞国，就好比从内室移到了外室；而将屈产宝马放到虞国，也就好比是从内马圈牵到了外马圈一样。到时候，您如果要把这两件宝贝取回来，那还不容易吗？"

荀息献策

一番话说得晋献公如释重负，两人会意地笑了。

虞国的国君见到这两件稀世宝物后，有些动心，打算给晋国借路。但虞国大夫纷纷出面劝阻说："国君可不能这样做呀！虢国是我们的邻邦，他们与我国恰似唇齿相依的亲密关系，如果嘴唇没有了，牙齿是会挨冻的呀！长期以来，我们两国在危难之际互相救助，这并不是什么互施恩德，而完全是战略上的互相需要啊。而今，您同意给晋国借路，让晋攻打虢国。今天晋国消灭了虢国，明天就会回来吃掉虞国，这是多么危险的事啊。"

可是，虞国国君一心贪恋宝玉和良马，听不进劝阻，给晋国军队让出了一条攻打虢国的

中国古代教育智慧

虢国墓地车马坑

必经之路。晋国凭借自己的国力强盛很快就消灭了弱小的虢国。在班师回朝之际，顺便剿灭了毫无准备的虞国。

小国侍奉大国时，必须要几个小国团结起来，不能面对战争心存侥幸。虞国国君因为贪图眼前的小利，而招致亡国的巨大灾难，是发人深思的教训。

【原文】

齐人伐燕，取之。诸侯将谋救燕。宣王曰："诸侯多谋伐寡人者，何以待之？"

孟子对曰："臣闻七十里为政于天下者，汤是也。未闻以千里畏人者也。《书》曰：'汤一征，自葛始。'天下信之，东面而征，西夷怨；南面而征，北狄怨，曰：'奚为后我？'民望之，若大旱之望云霓也。归市者不止，耕者不变，诛其君而吊其民，若时雨降，民大悦。《书》曰：'徯我后，后来其苏。'今燕虐其民，王往而征之，民以为将拯己于水火之中也，箪食壶浆以迎王师。若杀其父兄，系累其子弟，毁其宗庙①，迁其重器②，如之何其可也？天下固畏齐之强也，今又倍地而不行仁政，是动天下之兵也。王速出令，反其旄倪③，止其重器，谋于燕众，置君而后去之，则犹可及止也。"

孟子的教育智慧

孟子问齐宣王

【注释】

①宗庙：天子、诸侯祭祀祖先的地方。在古代国家保存，宗庙就得保存，"毁其宗庙"意味着灭其国家。

②重器：古代君王所铸造的鼎之类作为传国的宝器。迁其重器，意味着灭亡其国家。

③旄倪：旄，同"耄"，古时八十岁至九十岁称耄，这里泛指老人。倪，儿童。

【译文】

齐人讨伐燕国占取了它，诸侯们谋划着要救助燕国，齐宣王说："许多诸侯谋划要讨伐我，怎样来对付他们呢？"

孟子答道："我听说有凭藉方圆七十里的疆域而治理天下的人，那就是成汤，没听说拥有千里国土而畏惧他人的。《书》说'成汤的征讨，从葛国开始。'普天之下都信任他，他东向征讨，西方的夷人便埋怨；南向征讨，北方的狄人便埋怨，都说：'为什么丢下我们啊？'民众对他的盼望，犹如大旱时盼望云彩一样，所到之处，赶集的不停止买卖，种田的不改变耕作，诛杀残暴的君主而抚慰那儿的民众，如同及时降下甘霖一样，民众非常喜悦。《书》说：'等待我们的君王，他来了，我们就得救了。'现在燕国虐害他们的民众，大王前去征讨它，民众认为大王将把他们从水深火热中拯救出来，所以用筐装着饭食、用壶盛着饮水来迎接大王的军队。可是如果您要杀掉他们的父兄，拘禁他们的子弟，拆毁他们的宗

中国古代教育智慧

陈胜吴广起义雕塑

秦末，赋税徭役沉重，秦二世的残暴统治使得民不聊生，以陈胜、吴广为首领的中国历史上第一次大规模农民起义战争爆发。这第一次显示了封建社会农民阶级的伟大力量，沉重地打击了秦王朝的残暴统治。

庙，搬走他们的礼器珍宝，这样做怎么可以呢？普天之下本来就畏惧齐国的强大，现在又扩展了疆域并且不施行仁政，这就招惹天下各国与齐国为敌。请大王赶快下令，放回他们的老人和小孩，归还他们的礼器珍宝，与燕国人商议选立一位国君，然后从那儿撤离，这样还来得及制止战祸。"

【故事】

刘邦约法三章得天下

秦朝末年，人民苦于沉重的捐税、繁重的徭役和严酷的刑罚。公元前209年（秦二世元年），陈胜、吴广揭竿而起，全国各地纷纷响应了农民起义。秦王朝的统治，在大规模农民起义的冲击下摇摇欲坠。

刘邦（前256年—前195年），字季，沛县丰乡（今江苏省丰县）人。陈胜、吴广在大泽乡起义后，刘邦的老朋友萧何和曹参在沛县做官，他们合谋杀了县令，推举刘邦为沛公，在沛县起兵反秦。刘邦知道自己的力量还不够强大，所以就带领人马投奔项梁，与其并肩作战。项梁牺牲后，楚怀王命令项羽北上救赵，派刘邦西进攻打咸阳，并约定谁先打进咸阳，平定关中，就封谁做关中王。刘邦带兵一路西进，军队所到之处，秦军纷纷投降，刘邦顺利向咸阳推进攻入关中，到达离秦都咸阳只有几十里路的霸上。

刘邦召集各地有威望的父老豪杰到霸上，

对大家说:"你们吃尽了秦朝的苦头,现在我和大家约法三章:一、杀人要偿命;二、打伤人要受到惩罚;三、偷盗要被判罪。除此之外,秦朝的法律一律废除。我是替百姓除害的,绝不会再让百姓受苦,请大家相信我,不要害怕。"

老百姓相互告之,听说刘邦对他们这般的宽大仁慈,争先恐后地把自家的牛羊、粮、酒等拿出来送给刘邦的军队,犒劳士兵。可刘邦却说:"谢谢乡亲们,仓库里有的是粮食,大家就不要破费了!"百姓看到刘邦如此爱护他们,都希望他能够永远在关中做王,代替秦朝的统治。

由于坚决执行约法三章,刘邦得到了百姓的信任、拥护和支持,最后取得天下,建立了西汉王朝。

刘邦

中国古代教育智慧

子夏

子夏（前507年—？），姓卜，名商，字子夏，后亦称"卜子夏""卜先生"，孔子的著名弟子，"孔门十哲"之一。

三、公孙丑 上

【原文】

公孙丑问曰："夫子加齐之卿相，得行道焉，虽由此霸王，不异矣。如此，则动心否乎？"

孟子曰："否！我四十不动心。"

曰："若是，则夫子过孟贲远矣①。"

曰："是不难，告子先我不动心②。"

曰："不动心有道乎？"

曰："有。北宫黝之养勇也③，不肤挠，不目逃，思以一毫挫于人，若挞之于市朝，不受于褐宽博，亦不受于万乘之君；视刺万乘之君，若刺褐夫；无严诸侯，恶声至，必反之。孟施舍之所养勇也④，曰：'视不胜犹胜也；量敌而后进，虑胜而后会，是畏三军者也。舍岂能为必胜哉？能无惧而已矣。'孟施舍似曾子，北宫黝似子夏⑤。夫二子之勇，未知其孰贤，然而孟施舍守约也。昔者曾子谓子襄⑥曰：'子好勇乎？吾尝闻大勇于夫子矣：自反而不缩，虽褐宽博，吾不惴焉；自反而缩，虽千万人，吾往矣。'孟施舍之守气，又不如曾子之守约也。"

曰："敢问夫子之不动心与告子之不动心，可得闻与？"

"告子曰：'不得于言，勿求于心；不得于心，勿求于气。'不得于心，勿求于气，可；不得于言，勿求于心，不可。夫志，气之帅也；气，体之充也。夫志至焉，气次焉；故曰：'持其志，无暴其气。'"

"既曰，'志至焉，气次焉。'又曰，'持其志，无暴其气。'者何也？"

曰："志壹则动气，气壹则动志也。今夫蹶者趋者，是气也，而反动其心。"

"敢问夫子恶乎长？"

曰："我知言，我善养吾浩然之气。"

"敢问何谓浩然之气？"

曰："难言也。其为气也，至大至刚，以直养而无害，则塞于天地之间。其为气也，配义与道；无是，馁也。是集义所生者，非义袭而取之也。行有不慊于心，则馁矣。我故曰，告子未尝知义，以其外之也。必有事焉，而勿正，心勿忘，勿助长也。无若宋人然：宋人有闵其苗之不长而揠之者，芒芒然归，谓其人曰：'今日病矣，予助苗长矣！'其子趋而往视之，苗则槁矣。天下之不助苗长者寡矣，以为无益而舍之者，不耘苗者也；助之长者，揠苗者也。非徒无益，而又害之。"

"何谓知言？"

曰："诐辞知其所蔽，淫辞知其所陷，邪辞知其所离，遁辞知其所穷。生于其心，害于其政；发于其政，害于其事。圣人复起，必从吾言矣。"

"宰我、子贡⑦善为说辞，冉牛、闵子、颜渊善言德行⑧。孔子兼之，曰：'我于辞命，则

孟子的教育智慧

子贡

子贡（前520年—？），姓端木，名赐，字子贡，又作子赣，亦称作卫赐，春秋末卫国人，孔子的著名弟子，"孔门十哲"和孔门七十二贤之一。他利口巧辞，善于雄辩，且有干济才，办事通达。孔子曾称其为"瑚琏之器"。他还善于经商，曾经商于曹、鲁两国之间，富致千金。为孔子弟子中首富。

中国古代教育智慧

伊尹

伊尹（？—前1713年），商初大臣。名伊，尹为官名，今莘县人。出仕前，曾在"有莘之野"躬耕务农。传说他为了见到商汤，遂使自己作为有莘氏女的陪嫁之臣，说汤而被用为"小臣"。后为成汤重用，委以国政，助汤灭夏。

不能也。'然则夫子既圣矣乎？"

曰："恶！是何言也？昔者子贡问于孔子曰：'夫子圣矣乎？'孔子曰：'圣则吾不能，我学不厌而教不倦也。'子贡曰：'学不厌，智也；教不倦，仁也。仁且智，夫子既圣矣。'夫圣，孔子不居，是何言也？"

"昔者窃闻之：子夏、子游、子张皆有圣人之一体⑨，冉牛、闵子、颜渊则具体而微，敢问所安。"

曰："姑舍是。"

曰："伯夷、伊尹何如⑩？"

曰："不同道。非其君不事，非其民不使；治则进，乱则退，伯夷也。何事非君，何使非民；治亦进，乱亦进，伊尹也。可以仕则仕，可以止则止，可以久则久，可以速则速，孔子也。皆古圣人也。吾未能有行焉；乃所愿，则学孔子也。"

"伯夷、伊尹于孔子，若是班乎？"

曰："否！自有生民以来，未有孔子也。"

曰："然则有同与？"

曰："有。得百里之地而君之，皆能以朝诸侯，有天下；行一不义，杀一不辜而得天下，皆不为也。是则同。"

曰："敢问其所以异？"

曰："宰我、子贡、有若，智足以知圣人，污不至阿其所好。宰我曰：'以予观于夫子，贤于尧舜远矣。'子贡曰：'见其礼而知

孟子的教育智慧

其政,闻其乐而知其德。由百世之后,等百世之王,莫之能违也。自生民以来,未有夫子也。'有若曰:'岂惟民哉?麒麟之于走兽,凤凰之于飞鸟,太山之于丘垤,河海之于行潦,类也。圣人之于民,亦类也。出于其类,拔乎其萃,自生民以来,未有盛于孔子也。'"

孟子墓

【注释】

①孟贲:古代著名勇士。

②告子:战国时人,名不详。

③北宫黝:姓北宫,名黝,齐国人。

④孟施舍:姓孟,名施舍;一说姓孟施,名舍。

⑤子夏:姓卜,名商,字子夏,孔子弟子。

⑥子襄:曾参弟子。

⑦宰我、子贡:宰我,姓宰,名予,字子我。子贡,姓端木,名赐,字子贡。他们都是孔子的弟子。

⑧冉牛、闵子、颜渊:孔子弟子。冉牛,姓冉,名耕,字伯牛。闵子,姓闵,名损,字子骞。颜渊,姓颜,名回,字子渊。

⑨子游、子张:孔子弟子。子游,姓言,名偃,字子游。子张,姓颛(zhuān)孙,名师,字子张。

⑩伯夷、伊尹:伯夷,商末孤竹国君的长

中国古代教育智慧

采薇图

此画是南宋李唐所作，画的是商代末伯夷、叔齐不食周粟，在首阳山采薇代食的故事。图绘半山之腰，苍藤、古松之阴，伯夷与叔齐采摘薇蕨期间休息对话的情景。画中正坐一人即为伯夷，他面带忧愤，目光炯炯，注视着叔齐。叔齐一手拄地，一手舒掌作放歌状。图中人物刻画生动传神，森然正气溢于毫端。衣纹简劲爽利，以衬托人物刚直不阿的性格。

子。孤竹君以次子叔齐为继承人，孤竹君死后，叔齐让位给伯夷，伯夷不受，后两人都投奔到周。周武王伐纣时，伯夷兄弟两人拦马谏阻武王；周灭商后，两人隐居首阳山，不食周粟而死。伊尹，商汤之相，曾辅汤灭夏。

【译文】

公孙丑问孟子："老师如果担任齐国的卿或者国相，能实行自己的主张，即使因此而称王称霸都不足为怪。要是这样，是否会动心呢？"

孟子说："不！我到了四十岁就不动心了。"

公孙丑说："要是这样，老师比孟贲强多了。"

孟子说："这个不难，告子能不动心比我还早。"

公孙丑说："不动心有什么办法吗？"

孟子说："有。北宫黝培养勇气，肌肤被刺而不退缩，眼睛被刺而不逃避，即使有一根毫毛被他人伤害也觉得犹如在大庭广众遭到鞭打一样；他既不受挫于卑贱的匹夫，也不受挫于大国的君主，把刺杀大国的君主看作如同刺杀卑贱的匹夫一般；他不畏惧诸侯，受到辱骂必定回骂。孟施舍培养勇气，据他自己所说：'把无法战胜的对象看作能战胜一样。如果先估量敌方然后才前进、思虑胜败然后才交锋，必定会畏惧众多的敌军，我怎么能够一定战胜呢？不过是无所畏惧而已。'孟施舍像曾子，北宫黝像子夏。这两个人的勇气，不知哪个更好些，但孟施舍的做法较为简要。从前曾子对子襄说：'你崇尚勇吗？我曾经听老师说过大勇：反躬自问觉得没有道理，即使是卑贱的匹夫我也不去凌辱；反躬自问觉得有道理，即使是千军万马我也不退缩。'孟施舍保持勇气，又不如曾子那样简要。"

稷下学宫

公孙丑说："请问老师的不动心和告子的不动心，能让我知道吗？"

孟子说："告子说：'言语不能表达的不要求之于心，心上不能虑及的不要求之于气。'心上不能虑及的不要求之于气，是对的；言语不能表达的不要求之于心，就不对了。志是气的主导，气则充盈于体内。志达到了什么境界，气也会到达那种程度，所以说，要坚定自己的志，不要滥用自己的气。"

公孙丑说："既然说'志达到了什么境界，气也会到达那种程度'，又说'要坚定自己的志，不要滥用自己的气'，这是为什么呢？"

孟子说："志专一了就会鼓动气，气专一了就会鼓动志。现在那些倒行逆施、趋炎附势的人，正是因为气而反过来动了他们的心。"

公孙丑说："请问老师擅长于什么呢？"

孟子说："我了解言辞，我善于培养自己的浩然之气。"

中国古代教育智慧

颜渊

颜渊（前521年—前481年），名回，字子渊。春秋末期鲁国人，是孔子的得意门生，在孔门弟子中，最称高足，其品德与学业均翘居群首，是孔子多次赞许的弟子。在《论语》中有六处孔子赞扬颜渊的句子。这在孔门和《论语》中也只有颜回一人了。颜渊死时，孔子悲恸欲绝。

公孙丑说："请问什么叫做浩然之气呢？"

孟子说："这比较难说。它作为气，最广大、最刚强，用正直来培养它而不加损害，就会充盈于天地之间。它作为气，与义和道相匹配，没有它们，它就没有力量了。它是义在内心积累起来所产生的，不是义由外入内而取得的，如果行为使内心感到愧疚，它就没有力量了。我之所以说告子未曾了解义，就是因为他把义看作外在的东西。去做一件事情必须不能中止，心中不要忘记这件事，不要用外力帮助它成长，不要像宋人那样。宋国有一人担心禾苗不长而去拔高它，弄得很疲倦地回到家里，告诉家人说：'今天累坏了，我帮助禾苗生长了。'他的儿子跑去一看，禾苗都枯萎了。普天之下不帮助禾苗生长的人是很少的，认为帮助没有益处而放弃不干的，就是那不锄草的；用外力帮助它生长的，就是那拔高禾苗的人。这样做不仅没有益处，反而会伤害它。"

公孙丑说："什么叫了解言辞呢？"

孟子说："偏颇的言辞，我知道它片面的地方；浮夸的言辞，我知道它失实的地方；邪异的言辞，我知道它偏离正道的地方；搪塞的言辞，我知道它理屈词穷的地方。上述四种言辞，萌生于内心，会贻害于施政；萌生于施政，会贻害于行事。今后再有圣人出现，也一定会同意我的见解。"

公孙丑说："宰我、子贡善于讲说谈论，冉牛、闵子、颜渊善于阐述德行，孔子兼而有之，说：'我对于辞令就不擅长了。'如此说来，老师已经称得上圣了吧？"

孟子说："呀！这是什么话？过去子贡问孔子说：'老师称得上圣了吧！'孔子说：'圣，我还不敢当，我只是学习不感到满足、教诲不感到疲倦罢了。'子贡说：'学习不感到满足，是智；教诲不感到疲倦，是仁。有仁有智，老师已经称得上圣了。'圣这样的称号，连孔子都不敢自居，你这是什么话！"

公孙丑说："过去我曾听说，子夏、子游、子张都具有圣人的某一个方面，冉牛、闵子、颜渊则具备了圣人的全体而规模较小，请问老师自居于哪一种呢？"

孟子说："暂且不谈这个。"

公孙丑说："伯夷、伊尹怎么样呢？"

孟子说："他们是不同主张的人。不够格的君主不侍奉，不够格的民众不使唤，世道太平就做官，世道混乱就退隐，这是伯夷；任何君主都可以侍奉，任何民众都可以使唤，世道太平也做官，世道混乱也做官，这是伊尹；能做官就做官，能退隐就退隐，能长久就长久，能短暂就短暂，这是孔子。他们都是过去的圣人，我没有能力像他们那样去做，至于内心的愿望则是学习孔子。"

公孙丑说："伯夷、伊尹能与孔子相提并论吗？"

孟子说："不！自从有人以来从未有过孔子那样的人。"

孔子拜师

中国古代教育智慧

有若

有若，姓有名若，字子有，亦称有子，是孔子晚年弟子。比孔子小四十三岁，鲁国人。他尊奉孔子，认为孔子是出类拔萃的"天下第一圣人"，因而刻苦学习孔子的思想，他提出的孝悌思想对后世产生了深远的影响，而他关于"礼""和"的主张亦丰富了儒家的学说。

公孙丑说："那么，他们有共同之处吗？"

孟子说："有的。如果他们能得到方圆百里的疆土成为君主，都能使诸侯来朝见，拥有天下；如果做一件不义的事、杀一个无辜的人来得到天下，他们都不会干的，这是他们的共同之处。"

公孙丑说："请问他们之所以有不同的地方是为什么呢？"

孟子说："宰我、子贡、有若的智慧都足以了解圣人，他们虽然地位低下，却不至于阿谀他们所喜好的人。宰我说：'据我看来，老师比尧、舜强多了。'子贡说：'见到所行的礼仪就明了它的政事，听到所奏的音乐就明了它的德行，即使从百世之后来评价这百世之中的君王，也没有一个能违背老师的主张。自从有人以来从未有过老师那样的人。'有若说：'难道仅仅是人如此吗？麒麟相对于走兽、凤凰相对于飞禽、泰山相对于土丘、河海相对于水塘，都是同类；圣人相对于民众，也是同类。高出自己的同类，超越自己的群体，自从有人以来从未有过比孔子更伟大的人了。'"

【故事】

孔子进退自如

孔子（前551年—前479年），名丘，字仲尼。春秋末期思想家、政治家、教育家，儒家学派的创始人。鲁国陬邑（今山东曲阜东南）人，先世系宋国贵族。五世祖木金父避难奔鲁,后定避鲁国陬邑。父叔梁纥为鲁国武士,以勇力闻于诸侯。

孔子少时家境贫寒,十五岁立志于学。他虚心好学,学无常师,相传曾问礼于老聃,学乐于苌弘,学琴于师襄。三十岁时,已博学多才,成为当地较有名气的一位学者,并在阙里收徒授业,开创私人办学之先河。其思想核心是"仁","仁"即"爱人"。他把"仁"作为行为的规范和目的,使"仁"和"礼"相互为用。主张统治者对人民"道之以德,齐之以礼",从而再现"礼乐征伐自天子出"的西周盛世,进而实现他一心向往的"大同"理想。

孔子三十五岁时,因鲁国内乱而奔齐。为了接近齐景公,做了齐国贵族高昭子的家臣。次年,齐景公向孔子询问政事,孔子说:"君要像君,臣要像臣,父要像父,子要像子。"景公极为赞赏,欲起用孔子,因齐相晏婴从中阻挠,于是作罢。不久返鲁,继续钻研学问,培养弟子。五十一岁时,任鲁国中都宰(今汶上西地方官)。由于为政有方,"一年,四方皆则之"。五十二岁时由中都宰提升为鲁国司空、大司寇。公元前500年,鲁、齐夹谷之会,孔子提出"有文事者必有武备,有武事者必有文备"。齐景公欲威胁鲁君就范,孔子以礼斥责景公,保全了国格,使齐侯不得不答应定盟和好,并将郓、龟阴三地归还鲁国。孔子五十四岁时,受季桓子委托,摄行相事。他为了提高国君的权威,提出"堕三都"、抑三桓(鲁三家大夫)的主张,结

孔子雕像

中国古代教育智慧

孔子周游列国图

果遭到三家大夫的反对，未能成功。五十五岁时，鲁国君臣接受了齐国所赠的宝马美女，终日迷恋声色。孔子则大失所望，遂弃官离鲁，带领弟子周游列国，另寻施展才能的机会。公元前484年，鲁国季康子听了孔子弟子冉有的劝说，才派人把他从卫国迎接回来。

孔子回到鲁国，虽被尊为"国老"，但仍不得重用。他也不再求仕，乃集中精力继续从事教育及文献整理工作。一生培养弟子三千余人，身通六艺（礼、乐、射、御、书、数）者七十二人。在教学实践中，总结出一整套教育理论，如因材施教、学思并重、举一反三、启发诱导等教学原则和学而不厌、诲人不倦的教学精神，及"知之为知之，不知为不知"和"不耻下问"的学习态度，为后人所称道。他先后删《诗》《书》，订《礼》《乐》，修《春秋》，对中国古代文献进行了全面整理。老而喜《易》，曾达到"韦编三绝"的程度。

【原文】

孟子曰："仁则荣，不仁则辱。今恶辱而居不仁，是犹恶湿而居下也。如恶之，莫如贵德而尊士，贤者在位，能者在职；国家闲暇，及是时，明其政刑。虽大国，必畏之矣。《诗》云：'迨天之未阴雨，彻彼桑土，绸缪牖户。今此下民，或敢侮予？'①孔子曰：'为此诗者，其知道乎！能治其国家，谁敢侮之？'今国家闲暇，及是时，般乐怠敖②，是自求祸也。祸福无不自己求之者，《诗》云：'永言配命，自求多福。'③《太甲》④曰：'天作孽，犹可违；自作孽，不可活。'此之谓也。"

【注释】

①以上五句出自《诗经·豳风·鸱鸮》。
②般（pán）乐：作乐。
③以上两句出自《诗经·大雅·文王》。
④《太甲》：《尚书》中的一篇，已失传；现在《尚书·太甲》，系晋人伪作。

【译文】

孟子说："仁就会荣耀，不仁就会受屈辱。现今人们虽然厌恶屈辱却又不去掉不仁，就好比是厌恶潮湿而住在低下的地方。如果厌恶屈辱，不如敬奉德行而尊重士人，使贤德的人治理国家，让能干的人担任官职，国家就没有内忧外患了，再趁着这样的时机调整政策法规，即使大国也必定会对此感到畏惧。《诗》说：'趁着天还没有阴雨，把桑树根上的皮剥取，修整好门窗。现今这些下面的人啊，谁还敢把我欺侮。'孔子说：'写作这首诗的人真是懂得道理啊！能够治理自己的国家，谁还敢欺侮他们呢？'现今国家没有内忧外患，在这时享乐怠惰，等于是自招灾祸。灾祸或幸福无不是自己招来的，《诗》说：'行事一直与天命相符，自己寻求更多的幸福。'《太甲》说：'上天降灾还可躲开，自己

孟子邮票

中国古代教育智慧

妲己

妲己,是中国商朝最后一位君主商纣王的宠妃。根据《史记》记载,她是有苏氏诸侯之女,她美若天仙、能歌善舞,被商纣王掳入宫中后,尊为贵妃,极尽荒淫之能事,酒池肉林等乃是纣王为博她欢颜而创,为了讨好她还发明炮烙之刑。后被周武王所杀。

作孽就无法逃避了。'就是指这种情况。"

【故事】

商纣王酒池肉林终亡国

中国古代的各个朝代末期,统治者多昏庸淫乐,残暴无度。相传,商朝的最后一个皇帝纣王也是这样一个人。纣王,又称帝纣,子姓,帝乙少子。纣青年时才思敏捷,武力超凡。但随着商朝的没落,他逐渐变得贪图享乐,荒淫无度,不仅喜好喝酒,还沉迷于女色之中,尤其宠爱妃子妲己,常常彻夜嗜酒寻欢。

为了讨妲己的欢心,商纣王不顾百姓的疾苦,下令从各地收集奇珍异宝,不断在宫廷里扩建园林楼台,举行各种宴会,表演各种音乐、舞蹈、游戏。他还让人挖了许多大池子,然后用酒把池子灌满,供数千人狂饮不止;他又让人把熟肉悬挂起来,看上去像树林一样,人们可随便伸手摘取食用,这就是著名的"酒池肉林"。

面对商纣王无度的淫乐,很多大臣都埋怨责备他,甚至背叛了他,商纣王于是加重刑罚。反对他的人,甚至向他提出劝谏的亲信臣僚,都被施以重刑,轻者终生残疾,重者全家丧命。商纣王还设置了名叫"炮烙"的酷刑,用青铜铸造一根中间空的柱子,让"罪人"赤脚在烧红的铜柱子上走,走不过去的就掉在下面的火里被活活烧死。

商纣王知道大臣九侯有一个美丽的女儿，就要求献给自己。九侯不得已只能把女儿献给商纣王。但九侯的女儿看不惯商纣的荒淫无耻，商纣王竟一怒之下杀了她和九侯，然后剁成肉酱，赏给诸侯们分吃。大臣鄂侯来劝阻，商纣就把鄂侯也做成了肉干。

再也没有大臣敢劝谏了，商纣王更加淫乱、残暴。这时，商纣的叔父比干认为大臣如果不能冒死劝谏国君，还算什么忠臣！于是，他态度强硬地劝谏商纣王。商纣大怒说："你这样做是想当圣人吧？我听说圣人的心脏有七个孔，你有吗？"说着就下令剖开比干的胸膛，取出他的心脏。

商纣王的残暴，激起了越来越多诸侯的反抗。此时，地处商朝西边的一个属国周日益强盛，最终在牧野之战中打败商军。商纣王在鹿台穿上宝玉衣，投火自焚而死。残暴不仁的商纣王自取灭亡，周朝正式取代了商朝。

商纣王杀比干

【原文】

孟子曰："人皆有不忍人之心。先王有不忍人之心，斯有不忍人之政矣。以不忍人之心，行不忍人之政，治天下可运之掌上。所以谓人皆有不忍人之心者，今人乍见孺子①将入于井，皆有怵惕②恻隐之心。非所以内交于孺子之父母也，非所以要誉于乡党朋友也，非恶其声而然也。由是观之，无恻隐之心，非人也；无羞恶之心，非人也；无辞让之心，非人也；无是非之心，非人也。恻隐之心，仁之端也；羞恶之心，义之端

中国古代教育智慧

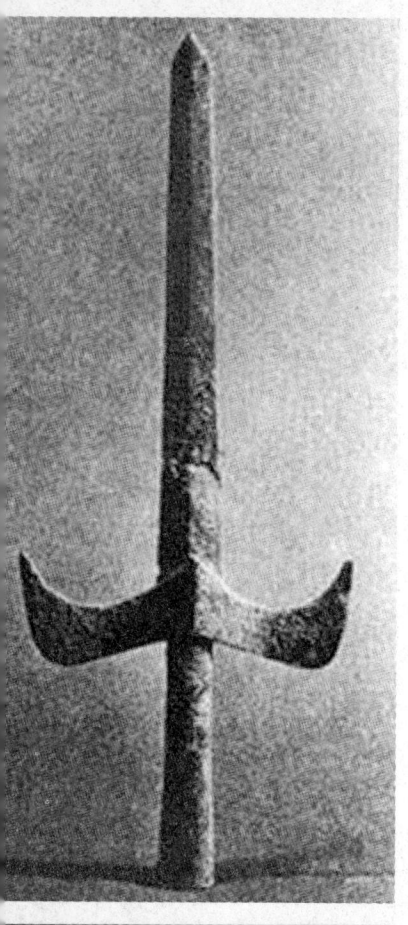

先秦时期兵器

也;辞让之心,礼之端也;是非之心,智之端也。人之有是四端也,犹其有四体也。有是四端而自谓不能者,自贼者也;谓其君不能者,贼其君者也。凡有四端于我者,知皆扩而充之矣,若火之始然,泉之始达。苟能充之,足以保四海;苟不充之,不足以事父母。"

【注释】

① 孺子:小孩子。

② 怵惕:恐惧警惕。

【译文】

孟子说:"凡是人都有怜恤他人之心。先王有怜恤他人之心,于是才有怜恤他人的措施。用怜恤他人之心,来施行怜恤他人的措施,治理天下就能运转于手掌之中。之所以说凡是人都有怜恤他人之心,是因为如果人们突然见到小孩子要掉入井中,都会有惊惧同情之心。这样做并非是为了和孩子的父母拉关系,并非是为了在邻里朋友间沽名钓誉,也并非是因为不愿意听到孩子的哭叫声。由此看来,没有同情之心的不能算是人,没有羞耻之心的不能算是人,没有谦让之心的不能算是人,没有是非之心的不能算是人。同情之心是仁的发端,羞耻之心是义的发端,谦让之心是礼的发端,是非之心是智的发端。人具有这四项发端,就好比他具有四肢一样。具有了这四项发端而自认为不行的,是自暴自弃;认为自己君王不行的,是抛弃自己的君王。凡是自身具备了这四项发端的人,知道都要扩大充实,就好比刚刚燃起的火焰，开始流出的泉水。假如能够扩充它们，就足以保有天下；假如不去扩充它们，连父母都不足以侍奉。"

【故事】

人性本善

东汉末年，王莽篡权，社会秩序混乱，庄稼逢荒减收，百姓生活困苦，加上当时有一帮将眉毛染成红色，号称"赤眉军"的强盗出没不定，经常骚扰百姓四处搜刮粮食和财物。

蔡顺出身贫苦，从小失去父亲，和母亲相依为命。年纪虽小，他却十分孝顺懂事。经常在食不果腹的境况下，想办法找到一些可以充饥的食物，来奉养母亲。夏天，树上的桑葚熟了，蔡顺就去采桑葚给母亲吃。一天，蔡顺采完桑葚往家走，路上迎面走来一群"赤眉军"强盗。强盗们拦住了蔡顺，以为可以搜点财物，没想到除了篮子里的桑葚外，什么也没抢到。强盗们非常愤怒，正要找蔡顺出气，突然一个强盗发现蔡顺拿了两个篮子，他很好奇，紧锁眉头问蔡顺："你才采了这么点儿桑葚，还要用两个篮子分开装，还将黑色和红色的分开，这不是多此一举么？"

蔡顺从容不迫地说："黑色桑葚是熟透的，很甜，是母亲最爱吃的。母亲身体不好，吃它可以充饥又可以恢复体力；红色的没有熟透，比较酸，是留给我自己吃的。我如果不回去的话，母亲不仅会挨饿还要担心我。"他的

蔡顺拾葚

中国古代教育智慧

蔡顺拾桑砖雕

一席话使在场的强盗们很意外，他们一时沉默无语，蔡顺对母亲的孝心感动了这些强盗。在这颠沛流离的环境里，他们也是不得以才沦为强盗，此时他们都想起了自己家中年迈的父母，有的缓缓地低下头来，有的甚至悄悄地抹去眼泪，于是强盗们决定放了蔡顺。临走时，还拿出了一些粮食和财物，要给蔡顺拿回去孝敬母亲。而蔡顺深知"志士不饮盗泉之水"的道理，所以他委婉地谢绝了强盗们的好意。强盗们见此更是汗颜不已，只好羞愧离去。

不良的生活环境往往会蒙蔽或污染人的本性，使人丧失善良、仁爱。但沦为强盗也不是人们的本意，当强盗们看到蔡顺对母亲孝顺的事迹后，也重新找回了丢失的本性。

四、公孙丑下

【原文】

孟子曰:"天时不如地利,地利不如人和。三里之城,七里之郭①,环而攻之而不胜。夫环而攻之,必有得天时者矣;然而不胜者,是天时不如地利也。城非不高也,池非不深也,兵革非不坚利也,米粟非不多也,委而去之,是地利不如人和也②。故曰:域民不以封疆之界,固国不以山溪之险,威天下不以兵革之利。得道者多助,失道者寡助。寡助之至,亲戚畔③之;多助之至,天下顺之。以天下之所顺,攻亲戚之所畔,故君子有不战,战必胜矣。"

战国水陆攻战图纹

【注释】

①三里之城,七里之郭:内城叫"城",外城叫"郭"。内外城比例一般是三里之城,七里之郭。

②池、兵、革:池,即护城河。兵,指戈矛刀箭等攻击性武器。革,皮革,古代指甲胄。

③畔:通"叛"。

【译文】

孟子说:"有利的天时不如有利的地势,有利的地势不如人心的团结。三里的内城,七里的外城,包围起来攻打它,却不能取胜。包

中国古代教育智慧

草船借箭

围起来攻打它，必定有得天时的战机，然而却不能取胜，这是因为有利的天时不如有利的地势。城墙不是不高，护城河不是不深，兵器铠甲不是不坚利，粮食不是不多，如果敌人一来就弃城逃离，这便是有利的地势不如人心的团结。所以说，控制人民不迁逃，不靠国家的疆界，巩固国家不靠山川的险阻，威服天下不靠兵器铠甲的坚利。得到仁义的人，帮助他的就多；失掉仁义的人，帮助他的就少。帮助他的人少到极点，连家里人都背叛他；帮助他的人多到极点，天下的人都归顺他。让天下人都归顺他的人去攻打连家里人都背叛他的人，必然所向无敌；所以君子不战则罢，战则必胜。"

【故事】

诸葛亮草船借箭

三国时期，周瑜十分妒忌诸葛亮的才干。蜀吴两国欲联合攻打曹操，一天周瑜在商议军事时提出让诸葛亮赶制十万支箭。诸葛亮答应三天造好，并立下了军令状。周瑜暗地命令军匠们故意迟延，造箭用的材料也不给准备齐全。他心中暗喜，到时候造不成，看诸葛亮怎么收场。

诸葛亮神机妙算，根据历法得知三天后必有大雾，他找来鲁肃帮忙，准备借助大雾这个天时来完成这个任务。于是鲁肃私自拨了二十条快船，每条船上配三十名军士，照诸葛亮的要求，布置好青布幔子和草把子，等诸葛亮调度。第一天，不见诸葛亮有什么动静；第二天，仍然不见诸葛亮有什么动静；直到第三天四更时，诸葛亮发布命令。这时候大雾漫天，江上连面对面都看不清。天还没亮，船已经靠近曹军的水寨。诸葛亮下令把船尾朝东，一字摆开，又叫船上的军士一边擂鼓，一边大声呐喊。鲁肃吃惊地说："如果曹兵出来，怎么办？"诸葛亮笑着说："雾这样大，曹操那么多疑，一定不敢派兵出来。我们只管饮酒取乐，天亮了就回去。"

果然如诸葛亮所说，曹操听到鼓声和呐喊声，就下令说："江上雾很大，敌人忽然来攻，我们看不清虚实，不要轻易出动。只叫弓弩手朝他们射箭，不让他们近前。"一万多名弓弩手一起朝江中放箭，箭好像下雨一样。诸葛亮又下令把船掉过来，船头朝东，船尾朝西，仍旧擂鼓呐喊，逼近曹军水寨去受箭。

天渐渐亮了，雾还没有散。这时候，船两边的草把子上都插满了箭。诸葛亮吩咐军士们齐声高喊："谢谢曹丞相的箭！"接着叫二十条船驶回南岸。曹操知道上了当，可是这边的船顺风顺水，已经飞驶出二十多里，要追也来不及了。

二十条船靠岸时，周瑜派来的五百个军士来到江边搬箭。每条船大约有五六千支箭，总共有十万多支。诸葛亮把天时、地利、人和之道运用得惟妙惟肖，周瑜也只能是自叹不如了。

孟子的教育智慧

曹操

曹操（155年—220年），本姓夏侯，字孟德，小名阿瞒，沛国谯郡（今安徽亳县）人，出生自一个大官僚地主家庭。因其父曹嵩是中常侍曹腾之养子，故改姓曹。亦因这种关系，曹操自幼便有机会接触官宦子弟。日后的劲敌袁绍就是曹操年少时的朋友。曹操放荡不羁，才华出众，足智多谋，善于随机应变。所以被评价为"治世之能臣，乱世之奸雄"。

中国古代教育智慧

季孙

【原文】

孟子致为臣而归。王就见孟子，曰："前日愿见而不可得，得侍同朝，甚喜；今又弃寡人而归，不识可以继此而得见乎？"

对曰："不敢请耳，固所愿也。"

他日，王谓时子曰①："我欲中国而授孟子室，养弟子以万钟②，使诸大夫国人皆有所矜式。子盍为我言之？"

时子因陈子而以告孟子③，陈子以时子之言告孟子。

孟子曰："然，夫时子恶知其不可也？如使予欲富，辞十万而受万，是为欲富乎？季孙曰④：'异哉子叔疑⑤！使己为政，不用，则亦已矣，又使其子弟为卿。人亦孰不欲富贵？而独于富贵之中有私龙断焉。'古之为市也，以其所有易其所无者，有司者治之耳。有贱丈夫焉，必求龙断而登之，以左右望，而罔市利。人皆以为贱，故从而征之。征商自此贱丈夫始矣。"

【注释】

①时子：齐国大夫。
②钟：古代容量单位，一钟相当于古代的六石四斗。
③陈子：即陈臻，孟子的弟子。
④季孙：人名，事迹不详。
⑤子叔疑：人名，事迹不详。

【译文】

孟子辞掉齐国的官职要回乡。齐王到孟子住处去见他，说："过去想见您而不可能，后来能在一个朝廷里共事，我非常高兴；现在您要撇下我回去了，不知今后还能见到您不？"

孟子回答道："我不敢要求同大王相见罢了，这本来就是我所希望的。"

之后的某一天，齐王对时子说："我打算在都城里给孟子一所房屋，用一万钟粮食供养他的弟子，让大夫和百姓都有个效法的榜样。你何不替我去对孟子谈谈这件事呢？"

时子通过陈子把齐王的打算告诉给孟子，陈子就把时子的话告诉了孟子。

孟子说："是啊，时子哪知道这件事是不能做的呢？如果我想富，辞掉了十万钟的俸禄却来接受这一万钟的赏赐，这是想要富吗？季孙说：'真奇怪啊，子叔疑这个人！自己想做官，没被任用，那也就算了，却又叫他的子弟去做卿。哪个人不想富贵？而偏偏在富贵之中有人想独自垄断。'古时候做买卖，是拿自己所有的东西交换所没有的东西，有关部门的官吏管理这种事罢了。有个下贱的汉子，总要找块高地登上去，用来左右张望，企图把集市贸易的好处都捞到。人人都认为他卑鄙，于是就对他征税。对商人征税就是从这个下贱的汉子开始的。"

【故事】

羊续悬鱼拒馈遗

羊续（142年—189年），字兴祖，太山平阳人，出身于官僚世家。父亲羊儒在汉桓帝时官至太常，负责朝廷礼仪。羊续年轻有为，年

孟子的教育智慧

孟子离开齐国

中国古代教育智慧

羊续悬鱼示清廉

纪轻轻就官至郎中，后又不断升迁。

东汉中平三年，羊续任庐江太守。他领兵镇压了南阳的越慈叛乱，为老百姓办了许多好事，后被提拔为南阳太守。南阳有许多权豪之家，生活奢侈，相互礼贿。作为地方长官，羊续非常痛心，下决心要以自己的清俭来抵制浮华的社会风气。一天，羊续的属下府丞焦俭见羊续生活太清苦，便给他送了一条活鲤鱼。面对这条"礼鱼"，不收，对不住焦俭的一片好心；收，又违背自己为官廉洁的道德规范。无奈之余，羊续只好暂且收下。焦俭走后，他就让下人把鱼挂在庭檐下，没过几天，就成了一条枯鱼干，在屋檐下飘来荡去，羊续也不让人取掉。

一天，焦俭又拎着一条更大的鲤鱼来拜访羊续。羊续也不说话，只是笑着指了指悬挂着的那条鱼，轻轻地摇了摇头。焦俭看着这条丝毫没有动过的枯鱼干，领悟到了太守的一片苦心，红着脸收起鱼退了出去，从此再也不敢给羊续送东西了。君子不被利益收买，羊续用自己的清廉捍卫了君子的人格。

五、滕文公 上

【原文】

滕定公薨①，世子谓然友②曰："昔者孟子尝与我言于宋，于心终不忘。今也不幸至于大故，吾欲使子问于孟子，然后行事。"

然友之邹问于孟子。

孟子曰："不亦善乎！亲丧，固所自尽也。曾子曰：'生，事之以礼；死，葬之以礼、祭之以礼，可谓孝矣。'诸侯之礼，吾未之学也；虽然，吾尝闻之矣。三年之丧，齐疏之服，飦粥之食，自天子达于庶人，三代共之。"

然友反命，定为三年之丧。父兄百官皆不欲，故曰："吾宗国鲁先君莫之行③，吾先君亦莫之行也，至于子之身而反之，不可，且志曰：'丧祭从先祖'，曰：'吾有所受之也。'"

谓然友曰："吾他日未尝学问，好驰马试剑，今也父兄百官不我足也，恐其不能尽于大事，子为我问孟子。"

然友复之邹问孟子。

孟子曰："然，不可以他求者也。孔子曰：'君薨，听于冢宰④，歠粥，面深墨，即位而哭，百官有司莫敢不哀，先之也。'上有好者，下必有甚焉者矣。'君子之德，风也；

滕国故城

中国古代教育智慧

曾子

曾子（前505年—前435年），姓曾，名参，字子舆，春秋末年鲁国南武城（今山东嘉祥县）人。出身没落贵族家庭，从师孔子，勤奋好学，颇得孔子真传。他积极推行儒家主张，传播儒家思想，并在修身和躬行孝道上颇有建树。是孔子学说的主要继承人和传播者，在儒家文化中有承上启下的重要地位。

小人之德，草也。草尚之风，必偃'，是在世子。"

然友反命。

世子曰："然，是诚在我。"

五月居庐，未有命戒。百官族人可，谓曰知。及至葬，四方来观之，颜色之戚，哭泣之哀，吊者大悦。

【注释】

①滕定公：滕国国君。

②世子：指滕文公。然友：滕文公的老师。

③宗国：鲁国的始封祖和滕国的始封祖是兄弟，按照宗法制度，滕国尊称鲁国为宗国。

④冢宰：官名，原来是辅佐天子的官，百官之长，相当于后世的宰相。

【译文】

滕定公去世了，世子对然友说："过去孟子曾在宋国与我交谈，我心里一直没有忘记。现在不幸遭遇了大变故，我想派你去问问孟子，再办理丧事。"

然友到邹国去问孟子。

孟子说："问得很好啊，父母亲的丧事本来就该竭尽自己的心力。曾子说：'健在时依礼侍奉，去世了依礼安葬、依礼祭祀，才可以称得上孝。'诸侯的礼仪我没有学过，不过我曾听说过。三年的丧期，粗布缉边的孝服，用稀饭薄粥充饥，上自天子、下至庶民，夏、商、周三代都这样做。"

孟子的教育智慧

然友向世子汇报，确定行三年的丧期。滕国的父老、百官都不愿意，说："辈份比我们高的鲁国，历代国君去世都没有实行，我们以前的国君也没有实行，到了你的手上却要改变，是不行的，而且记载上说'丧葬、祭祀依从祖宗'，我们应该把这些继承下来。"

世子对然友说："我过去未曾学艺问礼，喜好跑马比剑，现在父老、百官都对我不满，恐怕他们不能在丧事上尽力了，你替我去问问孟子。"

然友又到邹国去问孟子。

孟子说："是呀，这是不能勉求他人的。孔子说：'国君去世，太子政务交给冢宰处理，而自己喝粥，面色暗黑，走到孝子的位置上就哀哭。这样，大小官员没有敢不哀伤的，因为太子给他们带了头。'在上的人爱好什么，下面的人必定对此更加爱好。'君子的道德，好比是风；老百姓的道德，好比是草。风吹到草上，草必定倒伏。'这件事就要看太子了。"

然友向世子汇报。

世子说："是呀，事情确实取决于我。"

于是世子在土屋中居住了五个月，没有下过命令、指示，百官、亲属都赞同，说世子懂礼仪。到举行葬礼时，诸侯和来宾来观礼，世子容颜的悲戚、哭泣的哀伤，令前来吊丧的人非常满意。

滕文公台

· 69 ·

中国古代教育智慧

晏子

晏婴（？—前500年），即晏子。春秋时齐国大夫，字平仲。夷维（今山东高密）人。春秋后期齐国的国相，曾在齐灵公、庄公和景公三朝任事，是著名的政治家和外交家。其传世《晏子春秋》，出于后人依托。

【故事】

上行下效

春秋战国时期，齐国的国君齐灵公有个嗜好，那就是喜欢看内宫妇女们女扮男装，无论妃嫔还是侍女都是男装打扮。一时间，女扮男装成了风尚。民间的女子看到了宫里这种风气，就争相学习。于是，全国上下，眼见的几乎都是"男"人，仔细看才能分出男女。有些妇女女扮男装扮上了瘾，还真把自己当"男"人，和真男人们一起喝酒玩耍，丝毫没有女性贤良淑德的优秀品质了。

齐灵公听说了这些事，就派官吏禁止民间女扮男装，还下令说："凡是女扮男装的，一旦被发现就撕毁她所穿的衣服，让她当众出丑。"在大庭广众之下，被撕毁衣服对一个女人来说是一件很丢人的事情，齐灵公以为这样，一定会有成效，谁知道这个方法根本行不通，尽管大街上女扮男装的妇女被官差毫不留情地撕了衣服，露出身体，甚至还被官差们羞辱，但女扮男装的风气还是禁不了。

齐灵公对此很是伤脑筋，别的国家听说齐国女人们女扮男装，都在暗地里笑话齐国，说齐国没有男人啦，让一群女人们穿男装假扮男人。还有人谣传说齐国国王和男人们都是变态，就喜欢男人，这些不堪入耳的话传来，齐灵公觉得自己颜面无存。正当齐灵公为这事情一筹莫展的时候，大臣晏子觐见，齐灵公问：

孟子的教育智慧

"我让官吏们严禁女扮男装,还撕了她们的衣服,甚至还当众羞辱她们,可是为何还是禁不了呢?"

晏子答道:"您允许宫廷妃嫔女扮男装,却对外禁止,上面的人没有起到带头作用,民间的百姓当然也会有样学样了,这就好比肉店门口高悬着牛头招牌,里面却卖的是马肉。您为什么不先禁止宫内女扮男装呢?只要这样,外面的人就不敢再犯了。"齐灵公听后,觉得晏子说得对,就下令禁止宫内妇女女扮男装,不到一个月,全国就没有女扮男装的人了。

孟子向滕文公宣传性善论

【原文】

滕文公问为国。

孟子曰:"民事不可缓也。《诗》云:'昼尔于茅,宵尔索绹;亟其乘屋,其始播百谷。'①民之为道也,有恒产者有恒心,无恒产者无恒心。苟无恒心,放僻邪侈,无不为已。及陷乎罪,然后从而刑之,是罔民也。焉有仁人在位罔民而可为也?是故贤君必恭俭礼下,取于民有制。阳虎②曰:'为富不仁矣,为仁不富矣。'

夏后氏五十而贡,殷人七十而助,周人百亩而彻,其实皆什一也。彻者,彻也③;助者,藉也④。龙子⑤曰:'治地莫善于助,莫不善于

中国古代教育智慧

滕文公

贡。'贡者,校数岁之中以为常。乐岁,粒米狼戾,多取之而不为虐,则寡取之;凶年,粪其田而不足⑥,则必取盈焉。为民父母,使民盻盻然,将终岁勤动,不得以养其父母,又称贷而益之,使老稚转乎沟壑,恶在其为民父母也?夫世禄,滕固行之矣。《诗》云:'雨我公田,遂及我私⑦。'惟助为有公田。由此观之,虽周亦助也。设为庠、序、学、校以教之。庠者,养也;校者,教也;序者,射也。夏曰校,殷曰序,周曰庠;学则三代共之,皆所以明人伦也。人伦明于上,小民亲于下。有王者起,必来取法,是为王者师也。《诗》云'周虽旧邦,其命惟新⑧。'文王之谓也。子力行之,亦以新子之国!"

使毕战问井地⑨。孟子曰:"子之君将行仁政,选择而使子,子必勉之!夫仁政,必自经界始。经界不正,井地不钧,谷禄不平,是故暴君汙吏必慢其经界。经界既正,分田制禄可坐而定也。夫滕,壤地褊小,将为君子焉,将为野人焉。无君子,莫治野人;无野人,莫养君子。请野九一而助,国中什一使自赋。卿以下必有圭田,圭田五十亩。余夫二十五亩。死徙无出乡,乡田同井,出入相友,守望相助,疾病相扶持,则百姓亲睦。方里而井,井九百亩,其中为公田。八家皆私百亩,同养公田;公事毕,然后敢治私事,所以别野人也。此其大略也,若夫润泽之,则在君与子矣。"

【注释】

①以上四句出自《诗经·豳风·七月》。

②阳虎：又称阳货，是春秋末期鲁国大夫季氏的家臣。

③彻者，彻也：彻，通的意思，是说这种税制在周是天下通行的税制。

④助者，藉也：藉，借也，意思是借助民力来耕种公田。

⑤龙子：古代贤人。

⑥粪：扫除。

⑦以上两句出自《诗经·小雅·大田》。

⑧这两句诗出自《诗经·大雅·文王》。

⑨毕战、井地：毕战，滕国的臣子。井地，即井田。

阳虎

【译文】

滕文公向孟子询问怎样治理国家。

孟子说："与民众有关的事务不能放松。《诗》说：'白天去割茅草，晚上把绳搓好，房屋赶快修整好，来年庄稼好种得早。'老百姓中形成这样一条准则，有固定产业的人就有稳定不变的思想，没有固定产业的则没有。如果没有稳定不变的思想，那么违礼犯法、为非作歹的事，就没有不去干的。等到他们陷入犯罪的泥沼，再用刑罚处置他们，这就像是布下罗网陷害百姓。哪有仁人做了君主却干陷害百姓的事呢？所以圣贤的君主必定要恭敬、节俭，以礼相待臣下，向百姓征收赋税有一定的制度。阳虎曾说：'要发财就顾不上仁爱，要仁爱就不能发财。'

夏族以五十亩为单位，赋税采用'贡'

中国古代教育智慧

周文王

周文王（前1152年—前1056年），姬姓，名昌，商代人，季历之子，商末西方诸侯之长，在位五十余年。商纣时为西伯，亦称西伯昌，因崇侯虎向纣王进谗言而被囚，后得释归，死后周人追为文王。

法；商族以七十亩为单位，赋税采用'助'法；周族以一百亩为单位，赋税采用'彻'法。其实质都是十分取一。彻是抽取的意思，助是借助的意思。龙子说：'管理土地没有比助更好的，没有比贡更不好的。'贡是核定了几年收成的平均数作为常数，按常数收取。丰收之年谷物充溢，多收取些不算暴虐，却少收取；灾年，即使把落在田里的粮粒扫起来凑数，也不够交税的，而贡法却非要足数征收。国君作为民众的父母，却使百姓一年到头劳累不堪，结果还不能养活父母，还得靠借贷来补足赋税，使得老人孩子四处流亡，死在沟壑，这样的国君哪能算是百姓的父母呢？世代承袭俸禄的制度，滕国原本已经实行。《诗》说：'雨水浇灌我们的公田，然后泽及我的私田。'只有助法会有公田。由此看来，即使周代也施行助。设置庠、序、学、校来教育民众，庠是教养的意思，校是教导的意思，序是训导的意思。夏代称校，商代称序，周代称庠，学是三代都有的，都是用来使人们懂得人与人的伦常关系。在上者懂得了人与人的伦常关系，庶民们就会在下面拥护亲附。若有称王天下的人兴起，必定会来仿效取法，这样就成为称王天下者的老师了。《诗》所谓的'姬周虽旧国，天命却新受。'是指周文王。你努力实行吧，也使你的国家气象一新。"

　　滕文公派毕战来询问井田。孟子说："你的国君要施行仁政，经过挑选才派你来的，你一定要努力啊！施行仁政，必定要从田地的分界开始。田地的分界不规整，井田就不均衡，作为俸禄所分的谷物就不公平。因此，暴君和贪官污吏必定不会重视他们的田地分界。田地的分界规整了，分配田地、制定俸禄就能毫不费力地确定。滕国的疆土虽然狭小，一样要有执政的君子，要有耕田的农民。没有执政的君子就无法管理耕田的农民，没有耕田的农民就无法供养执政的君子。希望滕君在郊野施行九分取一的助，在都城中十分取一而让国民自行交纳。国卿以下的官员必定要有用于祭祀的圭田，圭田是五十亩。每户的多余人口给田二十五亩。丧葬、迁居都不出乡里，每个乡里同耕一块井田，出入劳作时相互伴随，抵御寇盗时相互帮助，有病痛意外相互照顾，这样百姓就友爱和睦了。一里见方作为一块井田，一块井田有九百亩，中央的一百亩是公田，八家各以一百亩为私田，共同料理公田。公田上的事情做完了，才可以做私田上的事情，是为了使耕田的农民有所区分。这是井田的大意，至于调整完善就靠国君和你了。"

【故事】

文景之治

汉文帝刘恒（前202年—前157年），是汉高祖刘邦的儿子。景帝刘启（前188年—前141年），是文帝的儿子。西汉统一后，经过汉高祖的治理，到文帝、景帝统治时期，继续执行与民休息和轻徭薄赋的政策，使国家政治

汉文帝

中国古代教育智慧

汉景帝

清明、经济发展，为西汉王朝的兴盛奠定了基础，历史上把这段时期称为"文景之治"。

西汉初年，由于秦末农民战争和四年楚汉之争，社会动荡不安，经济遭到严重破坏，社会经济非常贫困。老百姓无法在田地上生产，到处是饥荒，发生了人吃人的现象，百姓死者过半。那时连皇帝也坐不上四匹纯一色的马拉的车子，将相们只能坐牛车。面对这种形势，恢复和发展封建经济成为巩固统治的当务之急。汉初的统治者采取了休养生息政策，减轻徭役赋税负担，注重发展农业生产，以巩固封建统治。文景两代，继续大力推行这一政策，因而促进了社会经济的较快发展。

汉文帝曾多次诫令地方官吏，要积极鼓励农业生产，对那些努力耕田种桑的人要给予奖励。他下诏说："农，天下之本，务莫大焉。"意思是说，农业是天下的根本，治理国家没有比它重要的了。为了发展农业生产，他采取的办法是减轻田租，把原来的十五税一，改为"三十而税一"，有时甚至"除民田之租税"。景帝也曾下诏说，农业是天下的根本，黄金珠玉，饿了不能吃，冷了不能穿，都不如谷物和丝麻。为了促进农业的发展，他把田租"三十税一"正式定为制度。人头税也有所减轻，汉代人头税为算赋，民年十五岁到五十六岁，每人每年交纳一百二十钱。文帝时曾减为四十钱。徭役也很少征发，文帝甚至定为"三年而一事"，即三年征发一次，而且往往时间很短，不占农忙季节。

　　由于文景两帝的政策，适当调整了生产关系，使之适应了生产力的发展。对当时的封建经济发展起了积极的作用。所以，到景帝末年和武帝初年时，社会和国家就已经比较富庶了，史家称这段统治时期为"文景之治"。

　　"文景之治"是在汉朝统治阶级顺应历史发展，采取与时代相应的统治政策，符合当时社会的发展状况，因而促进了政治的进步和经济的繁荣，出现了中国历史上有名的空前盛世。

孟子的教育智慧

汉代生活场景图

中国古代教育智慧

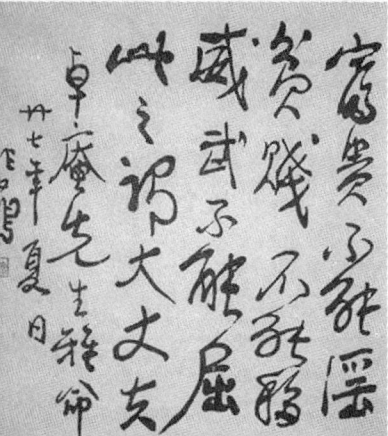

徐悲鸿书法《孟子》

六、滕文公下

【原文】

彭更问曰①："后车数十乘，从者数百人，以传食于诸侯，不以泰乎？"

孟子曰："非其道，则一箪食不可受于人；如其道，则舜受尧之天下，不以为泰，子以为泰乎？"

曰："否，士无事而食，不可也。"

曰："子不通功易事，以羡补不足，则农有余粟，女有余布；子如通之，则梓、匠、轮、舆皆得食于子②。于此有人焉，入则孝，出则悌，守先王之道，以待后之学者，而不得食于子，子何尊梓、匠、轮、舆而轻为仁义者哉？"

曰："梓、匠、轮、舆，其志将以求食也。君子之为道也，其志亦将以求食与？"

曰："子何以其志为哉？其有功于子，可食而食之矣。且子食志乎？食功乎？"

曰："食志。"

曰："有人于此，毁瓦画墁③，其志将以求食也，则子食之乎？"

曰："否。"

曰："然则子非食志也，食功也。"

【注释】

①彭更：孟子的弟子。

②梓、匠、轮、舆：分别是制造木器、宫

室、车轮、车箱的木匠。这里代指各类工匠。

③墁：墙壁上的涂饰。

【译文】

彭更问道："跟随的车子几十辆，随从的人员几百个，从这个诸侯国吃到那个诸侯国，不也太过分了吗？"

孟子说："不合道理的，就是一小竹筐饭也不能接受人家的；如果是合理的，那么就是舜接受尧的天下，也不能认为是过分，你认为过分了吗？"

彭更说："不，但读书人不做事而吃饭，是不可以的。"

孟子说："假设你不流通、交换产品成果，用多余的弥补不足的，那么农夫就会有多余的粮食，织女就会有多余的布匹；如果你互通有无，那么各类工匠都能在你这里（凭工作）换到饭吃。有这样一个人，在家孝顺，在外友爱，能守先辈君王的道路，以此扶持后来的学者，却不能从你那里谋食，你为什么能尊重造礼器的梓人、掌土木的匠人、造车轮的轮人、制车厢的舆人却轻视为了仁义而奔走的人呢？"

彭更说："各种工匠的动机，就是通过干活找口饭吃。君子修行仁义，动机也是找口饭吃吗？"

孟子说："你何必讨论他们的动机呢？他们为你做事，可以给饭吃才给他们饭吃。再讲，你是根据动机给饭吃呢？还是根据他们所

孟子的教育智慧

先秦青铜器铭文

中国古代教育智慧

汉哀帝

汉哀帝刘欣（前27年—前1年），字和。二十岁即位，自幼好读《诗》《书》，尚节约，即位时，想有番作为，初采用师丹的"限田议"，限制土地兼并。他在位七年，葬于义陵，谥为孝哀皇帝。

做的事给饭吃呢？"

彭更说："根据动机给饭吃。"

孟子说："假定有人在这里毁坏了屋瓦，画脏了新刷的墙，他的动机是找口饭吃，那么你给他饭吃吗？"

彭更说："不给。"

孟子说："既然这样，你就不是根据动机，而是根据他的贡献而给饭吃的了。"

【故事】

卓茂教人仁爱礼义

卓茂在西汉哀帝、平帝时曾任密县（今属河南省）县令，他视民如子，以仁爱礼义教化百姓，从不出恶言恶语，吏民因此亲敬热爱他，不忍心欺骗他。卓茂不仅以自身表率引导人们讲究礼义，而且注意用隆礼方法处理细微琐事。

曾有一人向卓茂告发，说卓茂属下的亭长接受了他所送的大米和肉。卓茂屏退左右的人，问："是亭长向你要的，还是你有事求他送去的，还是平时自己觉得受恩于他而想要报答，自愿赠送的呢？"那人说："是我自愿赠送他的。"卓茂说："是你自愿赠送他才接受的，为什么又要告发他呢？"

那人说："我听说贤明的君主，是让老百姓不惧怕官吏，官吏也不向老百姓索要东西。现在我惧怕官吏，所以才送礼物给亭长。不管怎样亭长最终接受了，所以我来告诉您。"

孟子的教育智慧

卓茂对他说:"你这个人心术不正啊!人之所以能够聚集在一起和睦有序地生活,而不同于禽兽的原因,就在于有仁爱之心,懂得互相尊重。现在邻里之间对待长辈老者尚且懂得致礼馈赠,此乃人之常情,更何况是官吏与百姓之间呢?而你偏偏不想着加强修身,遵从礼义,难道你能够远走高飞、脱离人间吗?为官的人固然不应凭借权力强求索取,亭长向来是一位善良的官吏,每年送他一点东西,是合乎礼节的。"

那人说:"如果这样的话,那法律为什么又禁止这样做呢?"

卓茂笑着说:"法律从大处规范人的行为,礼义则是顺应人之常情,不能什么事都用法律来解决。现在我用仁爱礼义教诲你,你一定没有怨恨;如果我用法律惩罚你,你怎么能不惊慌得手足无措呢?同一个衙门官府,罪过小的要惩罚,罪过大的要杀头。你权且回去想想吧!"

于是,那人接受了卓茂的教诲,亭长不忘卓茂的恩情。几年以后,卓茂所推行的礼义教化形成风气,以致路不拾遗,百姓生活安定。

卓茂

【原文】

公孙丑问曰:"不见诸侯何义?"

孟子曰:"古者不为臣不见。段干木逾垣而辟之①,泄柳闭门而不纳②,是皆已甚。迫,斯可以见矣。阳货欲见孔子而恶无礼,大夫有赐于士,不得受于其家,则往拜其门。阳货瞰

中国古代教育智慧

段干木

段干木,复姓段干,名木。生活时代当在春秋、战国之间(春秋为晋人,战国为魏人)。少时贫贱,曾从师于孔子弟子卜子夏,与地方贤士田子方、李悝、翟璜、吴起等为友,同居魏地,相互砥砺,学业大进。后来,友人们纷纷出山做事,被列国君主聘为将卿,唯独他不愿出山做官,以贤名闻于当世。

孔子之亡也,而馈孔子蒸豚;孔子亦矙其亡也,而往拜之。当是时,阳货先,岂得不见?曾子曰:'胁肩谄笑,病于夏畦。'子路曰:'未同而言,观其色赧赧③然,非由之所知也。'由是观之,则君子之所养,可知已矣。"

【注释】

①段干木:战国初期人,孔子弟子子夏的弟子,曾做过魏文侯的老师。

②泄柳:鲁缪公时的贤者。

③赧赧:因惭愧而脸红的样子。

【译文】

公孙丑问:"不见诸侯,什么是最好的方法呢?"

孟子说:"古时候,不是诸侯的臣下,不去谒见诸侯。段干木越墙躲避魏文侯的来访,泄柳关门不接待鲁穆公,这么做都太过分了。如果主动来见,这样也是可以见见的。阳货想要孔子来见他,又厌恶别人认为他不知礼,当时大夫赠送财物给士人,士人如果不能在家亲自接受,就应去大夫家拜谢。阳货探听到孔子不在家时,给孔子送去一只蒸熟的小猪;孔子也探听到阳货不在家时,才上门拜谢。当时,阳货先送了礼物来,孔子哪能不去见他呢?曾子说:'耸起肩膀,装出笑脸,去巴结人,真比大热天在地里干活还难受。'子路说:'跟一个人不志同道合,却勉强交谈,脸上露出羞愧之色,我真不知所为何来。'由此，君子所要培养的道德操守，就可以知道了。"

【故事】

刘邦敬老得贤臣

秦朝末年，刘邦率领大军直捣秦国国都的门户——函谷关。他途经高阳（今河南杞县西边），要消灭驻扎在那里的秦军。

函谷关风景

高阳有位很有韬略的老人，叫郦食其，他酒量大得惊人，看到刘邦是个能成就大业的人物，就让刘邦帐下当骑兵的一个乡亲引见，想见刘邦，愿为他效劳。刘邦答应了。

郦食其来到刘邦居住的驿舍，看见刘邦正让两个女子给他洗脚。这不是见贤者之礼，郦食其故意慢慢腾腾地走到刘邦面前，作揖而不拜。刘邦见来人是个六十多岁的儒生，坐在床边纹丝不动。

郦食其看到刘邦这样傲慢无礼，很生气，高声问道："足下带兵到此，不知是帮助秦国攻打起事的诸侯呢？还是帮助各诸侯讨伐暴秦？"

刘邦听他说话这样随便，明知故问，也不下拜，举止故作斯文，于是大动肝火，吼道："你真是一个不识时务的书呆子！天下人谁没有尝过暴秦的苦头？天下的豪杰都讨伐秦，我怎么会去助秦？"

中国古代教育智慧

刘邦雕像

郦食其不紧不慢地说:"足下如果真心讨伐暴秦,为什么见到年长的人这样无礼?您对待贤人这样傲慢,谁还为您献计献策呢?没有贤才相帮,仅凭个人的力量,是推不倒暴秦的。"

刘邦听了这番话,知道自己失礼了,急忙擦脚穿鞋,整好衣冠,向郦食其道歉,请他坐在上座,并恭恭敬敬地说:"先生有何良策,请多多指教。"

郦食其见刘邦改变了态度,又虚心求教,便对他说:"足下的兵马还不到一万人,就打算长驱攻入秦国的国都,这好比是驱赶着羊群扑向老虎,只能白白送命。依我看不如先去攻打陈留。陈留是个战略要地,城中积存的粮食很多,作为军粮足够用,而且交通便利,四通八达。"郦食其向刘邦献出了这条妙计。刘邦非常高兴,请郦食其先行到陈留,然后选派一员大将领一部分精兵赶到。郦食其来到陈留,见到县令,劝他投降,县令不肯。郦食其就在酒宴上灌醉了县令,然后偷走县衙令箭,假传县令的命令,骗开城门,把刘邦的军队放进去,砍死了县令。

第二天,刘邦的大队人马进入陈留。由于郦食其事先早已为刘邦写好了安民告示,刘邦一进城,就受到百姓的欢迎。刘邦看到陈留果然储有大量的粮食,十分佩服郦食其的神机妙算,于是,封他为广野君。刘邦在陈留招兵买马,军队扩大了将近一倍,抢在项羽之前攻入了关中。最后统一了天下，建立了汉朝。

孟子的教育智慧

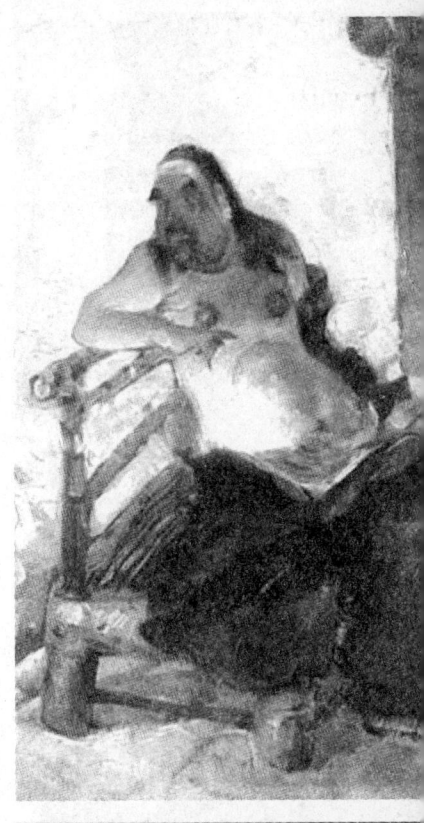

郦食其

郦食其（？—前203年），秦朝陈留县高阳乡人。少年时就嗜好饮酒，常混迹于酒肆中，自称为"高阳酒徒"。郦食其屡献计策，为刘邦一统天下做出了贡献。但他在领刘邦之命与齐国和平谈判成功后，因与韩信关系处理不当，而被齐国王烹杀。

中国古代教育智慧

周幽王

周幽王，姓姬名宫涅，宣王子，生卒年不详。他沉湎酒色，不理国事，废申后而立褒姒，以"烽火戏诸侯"来博取褒姒一笑。褒姒生伯服，幽王废嫡立庶，立伯服为太子。申后的父亲申侯起而反抗幽王。公元前771年，申侯联合西北之犬戎及缯、吕等进兵镐京，犬戎兵杀幽王于骊山，西周亡。

七、离娄上

【原文】

孟子曰："三代之得天下也以仁，其失天下也以不仁。国之所以废兴存亡者亦然。天子不仁，不保四海；诸侯不仁，不保社稷①；卿大夫不仁，不保宗庙②；士庶人不仁，不保四体。今恶死亡而乐不仁，是犹恶醉而强③酒。"

【注释】

①社稷：土神和谷神，指代国家。

②宗庙：祭祀祖先的场所。这里指卿大夫的封地。

③强：勉强。

【译文】

孟子说："夏、商、周三代得天下，是由于仁；他们失掉天下，是由于不仁。国家衰败、兴盛、生存、灭亡的原因，也是这样。天子不仁，不能保住天下；诸侯不仁，不能保住国家；卿大夫不仁，不能保住宗庙；士人和百姓不仁，不能保住自身。如果害怕死亡，却又乐意干不仁的事，就像厌恶醉酒却又使劲喝酒一样。"

【故事】

周幽王昏庸亡国

周幽王是历史上有名的大昏君。他宠爱褒姒，由于褒姒喜欢听裂帛的声音，他就将大匹

86

大匹的丝绸撕成一条条的。为了博得褒姒一笑，点燃烽火台，各路救援诸侯马不停蹄地赶来护驾，才发觉上当受骗了。他还对百姓进行重重剥削，天灾人祸不断，人民困苦不堪。又重用大奸臣尹太师，使朝廷混乱，人心惶惶。

一位叫家父的大臣非常着急，盼望周幽王能改变。他写了一首诗：

"节南山岩石垒垒，尹太师威名赫赫，人民都盯着你看。

心里忧愁得像在火上煎熬，却不敢将你戏笑。

王业已衰国运将断，为何你却看不见？……"

但周幽王不听劝谏，还是我行我素，最后被杀死在骊山脚下，西周王朝就此灭亡了。

烽火戏诸侯

【原文】

孟子曰："爱人不亲，反其仁；治人不治，反其智；礼人不答，反其敬。行有不得者皆反求诸己，其身正而天下归之。《诗》云：'永言配命，自求多福。'①"

【注释】

①言：语助词。这两句出自《诗经·大雅·文王》。

中国古代教育智慧

七擒孟获

【译文】

孟子说："爱别人，别人却不来亲近自己，就要反问自己是否够仁爱；治理别人却治理不好，就要反问自己智的程度；礼貌待人，别人却不理睬，就要反问自己是否够恭敬。行为有得不到预期效果的，都要反过来求问自己。自身端正了，天下的人就会来归附他。《诗经》上说：'永远配合天命，自己寻求众多的幸福。'"

【故事】

诸葛亮七擒孟获

三国时期，蜀建兴三年（225年），诸葛亮亲自率兵南征。参军马谡送诸葛亮出城，一直送了几十里。临别的时候，马谡说："南中的人依仗地形险要，离都城远，早就不服管了。即使我们用大军把他们征服了，以后也免不了要闹事。我听说用兵之法，在于攻心，攻城是次要的。丞相这次南征，一定要叫南人心服，才能够一劳永逸啊。"马谡的话，正合诸葛亮的心意。

双方首战，诸葛亮大获全胜，擒住了南蛮首领孟获。但孟获很不服气，说什么胜败乃兵家常事。诸葛亮便说："既然这样，你就回去好好准备一下再打吧！"孟获被释放以后，逃回自己部落，重整旗鼓，又一次进攻蜀军。但孟获是一介武夫，有勇无谋，根本不是诸葛亮的对手，很快第二次也被活捉。诸葛亮下令放了孟获，像这样捉了放，放了捉，一次又一次，一直把孟获捉了七次。到了孟获第七次被捉的时候，诸葛亮依然命令要放了他。但诸葛亮的愿望实现了，孟获这次不愿意走了。他流着眼泪说："丞相七擒七纵，待我可谓仁至义尽了。我打心底里敬服。从今以后，不敢再反了。"

孟获

【原文】

　　孟子说："桀纣之失天下也，失其民也；失其民者，失其心也。得天下有道：得其民，斯得天下矣。得其民有道：得其心，斯得民矣。得其心有道：所欲与之聚之，所恶勿施，尔也。民之归仁也，犹水之就下、兽之走圹①也。故为渊驱鱼者，獭也；为丛驱爵②者，鹯③也；为汤武驱民者，桀与纣也。今天下之君有好仁者，则诸侯皆为之驱矣。虽

中国古代教育智慧

四连环鼎

四连环鼎，战国时期青铜烹饪器。鼎，一般有两耳，四连环鼎的四鼎有六耳，但从前后左右看，每个鼎还是有两耳。四鼎只有四个高蹄足，足根部作兽面纹，足中部作活页状，可以向内折叠。内折射鼎底着地，撑起来，鼎底凌空。升高放低，活动自如。

欲无王，不可得已。今之欲王者，犹七年之病求三年之艾④也。苟为不畜，终身不得。苟不志于仁，终身忧辱，以陷于死亡。《诗》云：'其何能淑，载胥及溺⑤。'此之谓也。"

【注释】

①圹：通"旷"，旷野。

②爵：通"雀"。飞禽。

③鹯：鹯、鹰一类的猛禽。

④艾：即艾蒿。一种菊科的多年生草本植物，叶制成艾绒，供针灸用。

⑤淑：善良，美好。载：施行。胥：观察，考察。及：为比得上，能与……相比。溺：沉湎，无节制。两句诗引自《诗经·大雅·桑柔》。

【译文】

孟子说："桀和纣失天下，是由于失去了人民；失去人民，是由于失去了民心。得天下有办法：得到人民，就能得到天下了。得人民有办法：赢得民心，就能得到人民了。得民心有办法：他们想要的，就给他们积聚起来；他们厌恶的，不加给他们，如此罢了。人民之归向于仁爱，就像水向低处流，野兽喜欢跑在旷野一样。所以，替深渊把鱼驱赶来的，是水獭；替森林把鸟儿驱赶来的，是鹯、鹰；替汤王和武王把百姓驱赶来的，是夏桀和商纣王。现今天下若有施行爱民政策的国君，那么凶暴的诸侯们就会替他驱赶百姓。哪怕他不想称王于天下，也不可能了。现在想称王天下的人，好比害了七年的病要找存放多年的艾蒿来治。如果平时不积存，那就终身得不到。如果不立志在仁上，必将终身忧愁受辱，以致于死亡。《诗经》上说：'那怎能把事办好，只有一块儿淹死了。'说的就是这种情况。"

【故事】

暴君导致夏朝亡

妹喜

妹喜又名末喜、末嬉、有施氏女，有施氏原为喜姓。夏朝末代国王夏桀姒履癸的宠妃。生卒年不详。

夏桀是夏朝第十六位君主，也是中国历史上著名的暴君之一。他继承王位后就下令在洛阳建造一座寝宫，花费了大量的财力、物力，劳民伤财，老百姓怨声载道。

夏桀贪恋女色，宠爱妹喜，对妹喜言听计从。妹喜听烦了音乐，想听撕裂布帛的声音，桀便向老百姓征集大量布帛，令人撕帛来讨好妹喜。夏桀十分讲究饮食，一心想吃山珍海味。成百上千人为供应他一个人的饭菜而不停地种菜、运输、捕鱼、烹调。夏桀嗜酒如命，酒醉以后，还要拿人当马骑着玩耍。谁要是不肯让他骑，就要挨一顿打甚至杀头。

夏桀十分厌恶给他直言劝谏的人，大臣关龙逄看到夏桀胡作非为，便劝他关心老百性的疾苦。夏桀不仅不听，还杀了关龙逄。从此，

中国古代教育智慧

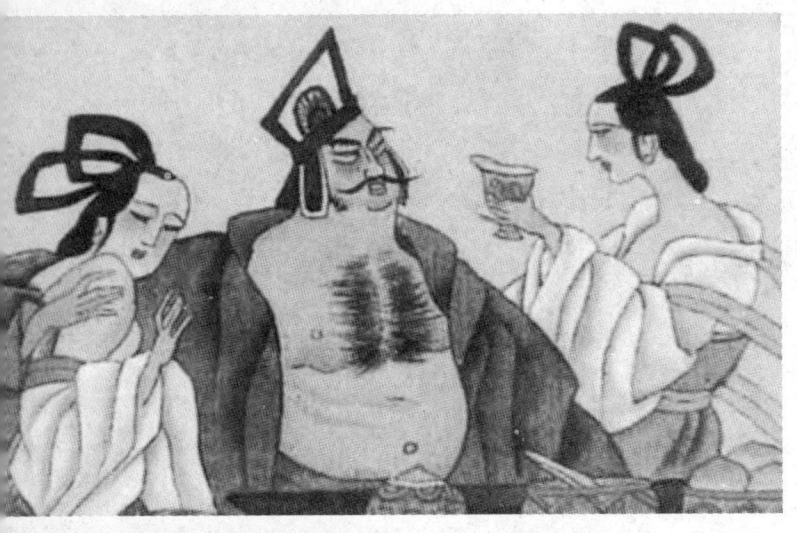

夏桀酒池肉林

忠臣都远离了他,奸臣则成群地围着夏桀转,夏朝的政治变得日益腐败。

夏朝逐渐走向了没落,这时黄河下游的商部落势力强大起来。首领商汤看到夏桀遭到众多老百姓的怨恨,便积极地准备消灭夏朝。

夏桀听说商汤带兵来了,赶快调动从属夏朝的韦国、昆吾国、顾国等小国的军队来与强大的商汤军队对抗。于是,商汤先派兵灭了这些小国,无奈夏桀只能亲自带兵应战,但是士兵全部不听他的指挥,有的投降,有的逃散。夏桀失民心而失天下,夏朝就这样灭亡了。

【原文】

孟子曰:"自暴①者,不可与有言也;自弃者,不可与有为也。言非礼义,谓之自暴也;吾身不能居仁由义②,谓之自弃也。仁,人之安宅也;义,人之正路也。旷③安宅而弗居,舍正路而不由,哀哉!"

【注释】

①暴:糟蹋,损害。
②居:辨别。由:使用。
③旷:耽误,荒废。

【译文】

孟子说:"自己损害自己的人,不可能同他有什么话说;自己抛弃自己的人,不可能同他有所作为。说话诋毁礼仪,这叫自己戕害自己;自认为不能守仁行义,就称之为自己抛弃自己。仁是人们最安全的住所,义是人们最正确的道路。空着安全的住所不住,舍弃正确的道路不走,真可悲啊!"

【故事】

"洪佛子"舍身救百姓

洪皓

洪皓(1088年—1155年)是南宋时期的人,任秀州(今浙江嘉兴)司录,负责督察府中各部门的事务。一年,秀州发大水,大批农民面临饥饿的威胁。洪皓主动请求郡守把赈荒重任交给他。获准之后,他立即打开政府的粮仓,以低于平时的价格把粮食出售给饥民。为防止造成纷乱争抢的局面,洪皓手执青、白两色旗亲临指挥。饥民秩序井然,各人都买到一份。恰在这时,浙江运往朝廷的粮船经过秀州城下。洪皓当机立断,要求郡守将粮船截住,以救饥民。胆小怕事的郡守怕触怒皇帝,不肯答应。洪皓大声说道:"愿以一死易十万人命!"众人听了,感动万分,称他为"洪佛子"。后来,秀州军队叛乱,到处抢掠,郡民无一幸免,唯独经过洪皓门前时,有人说句"这是洪佛子家",竟无人敢进去。

中国古代教育智慧

曾子雕像

【原文】

孟子曰："事①，孰为大？事亲为大；守，孰为大？守身为大。不失其身而能事其亲者，吾闻之矣；失其身而能事其亲者，吾未之闻也。孰不为事？事亲，事之本也；孰不为守？守身，守之本也。曾子养曾晳②，必有酒肉；将彻，必请所与；问有余，必曰'有'。曾晳死，曾元③养曾子，必有酒肉；将彻④，不请所与；问有余，曰'亡⑤矣'，将以复进也。此所谓养口体者也。若曾子，则可谓养志也。事亲若曾子者，可也。"

【注释】

①事：侍奉。

②曾子：即曾参，春秋时鲁国人，与他的父亲曾晳同为孔子的弟子。曾晳：曾参的父亲，亦是孔子的学生。姓曾，名点，字子晳。春秋末鲁国南武城（原属山东费县，现属平邑县）人。

③曾元：曾子的儿子。

④彻：撤除，撤去。

⑤亡：无，没有。

【译文】

孟子说："哪一种侍奉最重要？侍奉父母最重要。哪一种操守最重要？守住自身为最大。没有丧失操守又能很好地侍奉父母亲的，我听说过。丧失了自身操守又能很好地侍奉父母亲这样的事情，我没有听说过。哪个长者不该侍奉？但侍奉父母才是侍奉的根本；哪种好品德不该守护？但守护自身（的善性）是守护的根本。曾子奉养他的父亲曾晳，每餐必定有酒肉。拿走食物时，必定要请示（剩下的酒肉）给谁；父亲问有没有剩余，必定说'有'。曾晳死后，曾元奉养他的父亲曾子，每餐也必定有酒肉。拿走食物时，不请示剩余的给谁；父亲问有没有剩余，就回答说'没有了'，准备拿吃剩的下顿再进奉给父亲。这就是人们所说的仅仅是供养父母的身体。像曾子那样，才可称为奉养父母的意愿亲情。侍奉双亲像曾子那样的人，才算可以。"

【故事】

黄庭坚涤亲溺器

黄庭坚是宋朝的大诗人，从小勤奋好学，二十三岁时就考中了进士。黄庭坚一生不仅为官服务朝廷，造福天下百姓，而且还专心致力道德学问，以非凡的文学艺术造诣为后世留下许多著作。

黄庭坚自幼孝顺父母。对于侍奉父母之事，无论大小，他都会认真努力做好，从来没有推辞拒绝过。黄庭坚在朝廷做官时，公务十分繁忙。虽然家里也有仆人，而他却不辞劳苦，依旧亲自照顾母亲的生活，从不懈怠。每天忙完公事回来，他一定会亲自陪在母亲的身边，亲力亲为地精心侍候着母亲，事事力争都达到让母亲欢喜满意。

母亲有特别爱讲卫生的习惯，他就坚持每天亲自为母亲刷洗便桶，数十年如一日，从不间断。黄庭坚的做法曾引起一些人的好奇和不

孟子的教育智慧

黄庭坚

黄庭坚（1045年—1105年），字鲁直，自号山谷道人，晚号涪翁，洪州分宁（今江西修水）人。英宗治平四年（1067年）进士。哲宗时召为校书郎、《神宗实录》检讨官。后擢起居舍人。早年受知于苏轼，与张耒、晁补之、秦观并称"苏门四学士"。诗与苏轼并称"苏黄"，为江西诗派宗师。

黄庭坚涤亲溺器

理解。有一次，有人问他："您身居高官，又有那么多的仆人，为什么要亲自来做这些杂细的事务，刷洗便桶这样卑贱的事情让下人去做不就行了么？"黄庭坚回答说："孝顺父母是我的本分事，怎能让仆人去代劳呢？再说孝敬父母的事情，是出自一个人对父母至诚感恩的天性，又怎么会有高贵与卑贱的分别呢？"黄庭坚至诚的孝心及中肯敦厚的品行，向世人无声地彰显着圣贤人的德行风范，在潜移默化之中影响着后人。

自古以来，上至国家君王，下到平民百姓，都是以孝敬父母为修身立德的根本。黄庭坚能够效法古圣先贤的德行，不受外界环境影响，做到恪尽子道，至诚侍奉父母，值得人们效仿，孝敬父母之事不分大小，唯有出自本心的恭敬，方能做得圆满。

【原文】

孟子曰："不孝有三①，无后为大。舜不告而娶②，为无后也，君子以为犹告也。"

【注释】

①不孝有三：据赵岐注，不孝的三件事是：一、对父母的过错容忍曲从，使父母陷入

孟子的教育智慧

"不义";二、家境贫困,父母年老,却不愿当官求俸禄以供养父母;三、不娶妻子,没有儿子,断绝了后代。

②舜不告而娶:传说舜的父亲凶狠愚蠢,舜如果告诉他娶妻的事,肯定得不到他同意。不禀告不合礼,没有后代又是最大的不孝,两相权衡,只好"不告而娶"。

【译文】

孟子说:"不孝顺的事有三件,其中没有子孙后代是最大的不孝。舜没有禀告父母就娶妻,就因为怕没有后代,所以君子们认为他没禀告等于是禀告了一样的。"

舜

【原文】

孟子曰:"仁之实,事亲是也;义之实,从兄是也;智之实,知斯二者弗去是也;礼之实,节文斯二者是也;乐之实,乐斯二者,乐则生矣;生则恶可已①也,恶可已,则不知足之蹈之手之舞之。"

【注释】

①已:停止。

【译文】

孟子说:"仁的实质是侍奉双亲;义的实质是顺从兄长;智的实质是懂得这两方面的道理而不背离;礼的实质是在这两方面不失礼节、态度恭敬;乐的实质是乐于做这两方面的事,快乐就产生了;一产生就抑制不住,抑制不住,就会不知不觉地手舞足蹈起来。"

中国古代教育智慧

朱寿昌

朱寿昌，字康叔，《宋史》载有他弃官千里寻母之事。他是流传甚广的所谓古代"二十四孝"中的一位。

【故事】

朱寿昌弃官寻母

宋朝有个读书人，叫朱寿昌。他母亲刘氏是父亲的小妾，因此父亲的正妻对他母亲很排斥，更是嫉妒她有了自己的孩子，于是就设法逼他母亲改嫁。朱寿昌七岁时，母亲就离开了他。

他长大以后，总是想着要把母亲接回来奉养，一直都没能如愿。朱寿昌长大之后，因袭父亲的功名，出而为官，几十年的仕途颇为顺利，先后在陕州、岳州、阆州等地做过官，但他的内心一直在想，一个人一生不能奉养母亲，非常遗憾，是大不孝啊！他下定决心把官职辞掉，去找母亲。他对家人说，这次我去找母亲，假如找不到我就不回来。说找就动身了，他往陕西的方向一路走去。

可是天下之大去哪能找到呢？走了好久也没有母亲的下落。一日，走到一个处所，突然下起雨来，他就停在那里躲雨。刚好遇到一些人，他就跟着了魔一样，跟他们询问有没有看到像他母亲那样的人。非常巧合，他母亲就在其中。这真是孝感天地，他的孝心感动得上天降下雨来，成就了他的孝心因缘。后来，他就把母亲以及所有的小兄弟姐妹都接回来，一起共享天伦之乐。

有人将朱寿昌弃官寻母之事上奏宋神宗赵顼，宋神宗得知朱寿昌事后，责令官复原职，苏轼、王安石等都写诗文赞美其事。苏轼曾有诗云:"嗟君七岁知念母,怜君壮大心愈若,不受白日升青天,爱君五十长新服,儿啼却得偿当年……感君离合我酸辛,此事今无古或闻……"王安石诗云:"彩衣东笑上归船,莱氏欢娱在晚年,嗟我白头生意尽,看君今日尽凄然。"从此,朱寿昌弃官千里寻母之事遍传天下,孝子之名得于遐迩。

朱昌寿弃官寻母一事,历代广为流传。在他的家乡天长秦栏就有朱孝子墓,明弘治年间,曾立碑于墓侧,嘉靖年间,建孝子祠。

朱寿昌弃官寻母

中国古代教育智慧

曹操地下运兵道

曹操地下运兵道在亳州老城区地下，该道以大隅首为中心，向四面延伸，分别通达城外。整个地道纵横交错，布局奥妙，立体分布，结构复杂，工程浩大。运兵道长达四千余米，是迄今发现历史最早、规模最大的地下军事战道。它远远超过地面上保留的一座完整古老城池的价值，被誉为"地下长城"。

八、离娄下

【原文】

孟子曰："君仁莫不仁，君义莫不义。"

【译文】

孟子说："国君仁没有人不仁，国君义没有人不义。"

【故事】

平天下先兴礼仪

曹操成为北方霸主后，百废待兴。在他兴邦强国的计划中，首先考虑的是兴礼仪。东汉建安七年春天，他率军进驻谯县。在谯县境内，他走了一天，也没遇见一个熟人，这使他感慨万分。他对部将说："我起正义之师，为天下人铲除暴乱。故乡的人民很支持我，父送子，妻送郎，跟我走的人很多都战死在沙场。这真让我悲恸欲绝。"

曹操安顿下来后，马上下令："凡是跟我当兵的将士，因战死沙场而绝了后代的，找他们的亲戚当他们的后裔，分给田地，由官府配给耕牛，设立学校，教育这些英雄的后代。要建立祠庙，让活着的后代能够有地方祭祀自己的祖先。能够把死者的后代培养成人，我死后见到那些先去的将士，就没什么可遗憾的了。"第二年秋天，曹操又下令："十五年战乱，使青年人没见过仁义礼仪的风尚，这使我很忧伤。我命令所辖各郡都要提倡和重视古代圣贤们的典籍研究，要建立学校，满五百户的县要设立专门负责培养年轻人的官员，选拔本地优秀子弟给予教育，使先王之道不致废绝，从而兴天下。"各郡县按照曹操的命令，大兴教育。教育兴而人才起，人才起而百废兴。曹操的教育计划，为汉王朝崩溃后魏、蜀、吴三国的建立奠定了人才基础。

曹操雕像

【原文】

孟子曰："非礼之礼，非义之义，大人弗为。"

【译文】

孟子说："不符合礼的'礼'，不符合义的'义'，有道德的人是不遵行的。"

【故事】

许衡拒绝白吃梨

许衡是我国元代著名的思想家、教育家、理学家，号鲁斋，世称"鲁斋先生"。许衡生活的时代正是宋元更替之际，各地战争不断，到处兵荒马乱。有一年，许衡和几位朋友一起外出，路过刚被战争洗劫的豫北，由于百姓大都逃难去了，田地都荒芜了。当时正值炎热的三伏天气，大家顶着火热的太阳赶路，个个汗出如浆，口干舌燥。走了几十里路，也没找到一滴水解解渴。

中国古代教育智慧

焦作许衡墓

就在这时,一个同行的朋友高兴地叫喊着向前飞跑而去。原来,在前面不远的路旁,挺立着一棵高大的梨树,树上挂满了黄澄澄的梨。大家一哄而上,争先恐后地摘梨,只有许衡坐在树荫下,并没有去吃那些梨。有位朋友走过来,一边啃梨,一边递给许衡一个梨,说:"这么热的天,你不渴吗,前面很多梨,你怎么不自己去摘几个解解渴?"许衡笑着把梨接过来后问:"真是好梨,多少钱一个?"朋友说:"不要钱,这是野梨。"许衡看着梨树争辩说:"不是,野梨不会长这么大、这么好。这肯定是农夫种的梨树,是有主人的。"朋友说:"这兵荒马乱的年月,管他什么家梨、野梨?吃了解渴就行。"许衡反驳说:"这梨树的主人肯定逃难去了,我们没有征得主人的同意,随便摘人家的梨吃,是不道德的。"随后,他又用手指了指自己的胸口,诚恳地对大家说:"梨是无主的,可是每个人的心里是有主的。不是自己的东西,是不能拿来吃的。"然后并劝伙伴们不要摘了。朋友们都嘲笑他太迂腐。许衡听了别人的讥笑并没有生气。他看了看那位朋友,又把手中的梨还给他说:"宁愿干渴,绝不随便吃别人的梨,如果吃了会违背我的良心。"

许衡的故事告诉我们,做好事要积极参

与，对坏事要避而不做。重大时候的抉择，与一个人的意志品质密切相关。做人不仅要是非分明，而且要落实在行动上，尽力做好事，永远不做坏事。这也是一个正直的人必须具备的美德之一。

【原文】

孟子曰："中也养不中①，才也养不才，故人乐有贤父兄也。如中也弃不中，才也弃不才，则贤不肖之相去，其间不能以寸。"

【注释】

①中：中庸。不中：过或不及。

【译文】

孟子说："懂得中庸的人去教导过分或者不及的人，有本事人的去教导没本事的人，因此人们乐意自己有贤能的父兄长辈。要是懂得中庸的人抛弃不懂得中庸的人不管，有本事的抛弃没本事的人，那么贤能的人与不贤能的人之间的距离，就不能用分寸来度量了。"

【故事】

李士谦乐善好施

隋朝时代，有一个叫李士谦的居士，天性孝顺，自幼丧父，继承了祖上丰厚的遗产，所以家中很富裕。在他母亲去世以后，三年丧服期满，就捐舍自己的私宅为寺院，并且立志不再做官。李士谦终生不饮酒、不吃肉，行为端正，口业清净，从来不说有关杀害的言论。

许衡

中国古代教育智慧

隋朝罗汉头像

虽然他家境殷实，但却过着比穷人还要节俭的生活，布衣旧衫，粗茶淡饭，终日以救济无衣无食的穷人为急务。邻里中有因丧事无法殓葬的，他就施以棺木；有兄弟分财不均而发生争议的，他就出钱补给不足的一方，这让兄弟们惭愧而互相推让，都成为善人。有一天，他的田中有小偷偷割稻谷，他不但不喊捉贼，反而避开。因为他认为，树要皮，人要脸。要不是天灾人祸逼得大家没办法，谁都会要脸皮，谁都不愿意做贼，所以应该宽恕这个小偷。后来这个小偷知道李士谦这样仁慈，被感动得革面洗心，成为善人。

有一年闹灾荒，李士谦就拿出家中的存谷数千石，借给无粮的穷人。谁想，第二年又歉收，上年借谷的人都无法偿还，为此他们到李士谦家中表示歉意，李士谦不仅不要求乡亲们偿还粮食，还做好了饭菜招待他们，最后他当众把乡人们借谷的债券烧为灰烬。并对他们说："我家中的存谷，本来就是准备救济大家患难而用的，并不是囤积图利。"过了几年，又遇到了大饥荒，李士谦又拿出自己的大量家产，大规模的施粥，挽救了成百上千饥民的性命。第二年春天，他又施出大批的粮种赠给农民。

李士谦用自己的善行挽救了无数人的生命，也挽救了他们的德行，后来李先生的子孙很发达，人们都认为是积德的果报。

【原文】

孟子曰："君子深造之以道，欲其自得之

也。自得之,则居①之安;居之安,则资之②深;资之深,则取之左右逢其源,故君子欲其自得之也。"

【注释】

①居:掌握。

②资:给予,供给,给济。

【译文】

孟子说:"君子要按照正确的方法获得很深的造诣,就是要能自觉地有所得。自己获得的道理,就能牢固掌握它;牢固掌握了它,就能积蓄很深;积蓄深了,就能左右逢源取之不尽,所以君子希望有所得。"

【故事】

张曜拜妻为师

清代咸丰年间有个武官叫张曜,因智退敌军有功,深得当时钦差大臣僧格林沁的赏识,后又被咸丰帝赐号霍钦巴图鲁。被招入清军,后当上了固始知县。在知县任上,他又立功,被擢升为知府,又晋升为道员。之后又擢升为河南布政使。此后他长期率军转战于河南、河北、山东,屡屡打胜仗。虽然他为朝廷征战立下了汗马功劳,却常常因为自幼失学没有文化而受到朝廷里其他大臣的歧视。有一次御使刘毓楠说他"目不识丁",就因为这个原因他被贬职为总兵。张曜觉得受到了极大的侮辱,从此立志要好好读书,使自己文武双全。但是从

孟子的教育智慧

咸丰皇帝

咸丰皇帝(1831年—1861年),名为爱新觉罗·奕宁,庙号清文宗。

中国古代教育智慧

张曜书信

头开始学文化谈何容易，首先最重要的事就是要找个好老师教导。张曜苦思了很久，终于想到了一个人，就是自己的妻子。张曜的妻子张李氏闺名雪如，是一个公认的才女，出生在一个书香门第之家，自幼就读书写字，很有才华。张曜决定拜自己的妻子为师。

于是回到家后，他向妻子提出教他念书的要求。妻子说："要教是可以的，不过要有一个条件，就是要行拜师之礼，恭恭敬敬地学。你以后要像尊敬老师那样尊敬我。"张曜满口应承，马上穿起朝服，让妻子坐在孔子牌位前，对她行三拜九叩之礼。从此以后，张曜只要是有了空余时间，都由妻子教他读经史，教他写字。每当妻子一摆老师的架子，他就躬身肃立听训，像一个真正谦虚的学生那样，不敢稍有不敬。与此同时，他还请人刻了一块"目不识丁"的印章，经常佩在身上以自警。几年勤奋努力之后，张曜终于成为一个很有学问的人。后来，他在山东做巡抚时，又有人向皇上参他"目不识丁"，要降他的职。他就上书请皇上面试。结果皇上出题考了他，张曜回答的成绩使皇上和许多大臣都大为惊奇。张曜在山东任上，筑河堤，修道路，开厂局，精制造，一生中做了不少利国利民之事。张曜死后，济南人民感其恩德，尊他为黄河的"大王"，并在大明湖边为他修建祠堂，永久纪念。因为他勤奋好学，死后皇帝谥他为"勤果"。

【原文】

孟子曰："人之所以异于禽兽者几希，庶民去之，君子存之。舜明于庶物，察于人伦，由仁义行，非行仁义也。"

【译文】

孟子说："人区别于禽兽的地方只是很少一点点，一般的人丢弃了它，君子却保存了它。舜明白万事万物的道理，又明察人伦关系，因此能遵照仁义行事，而不是勉强地施行仁义。"

【故事】

舜孝感动天

舜雕像

舜，历来与尧并称，为传说中的圣王。相传舜的家世甚为寒微，虽然是帝颛顼的后裔，但五世为庶人，处于社会下层。舜的遭遇更为不幸，父亲瞽叟是个盲人，母亲很早去世。瞽叟续弦，继母对舜非常不好。继母生的儿子象为人傲慢，品性顽劣，瞽叟却很宠爱他。舜生活在"父顽、母嚚、象傲"的家庭环境里，父亲心术不正，继母两面三刀，弟弟桀傲不驯，几个人串通一气，欲置舜于死地而后快；然而舜对父母不失子道，十分孝顺，与弟弟十分友

中国古代教育智慧

孝感动天

善，多年如一日，没有丝毫懈怠。

相传舜在二十岁的时候，名气就很大了，他是以孝行而闻名的。因为能对虐待、迫害他的父母坚守孝道，因此大家都认为他是一个德行很好的人。当时，尧打算征询继任人选，人们就推荐了舜。在将帝位禅让之前，尧决定考察舜。他将两个女儿嫁给舜，以考察他的品行和能力。舜不但使二女与全家和睦相处，而且在各方面都表现出卓越的才干和高尚的人格力量。只要是他劳作的地方，便兴起礼让的风尚；制作陶器，也能带动周围的人认真从事，精益求精，杜绝粗制滥造的现象。他到了哪里，人们都愿意追随。尧得知这些情况很高兴，赐予舜衣服和琴，赐予许多的牛羊，还为他修筑了仓房。舜得到了这些赏赐，瞽叟、继母和象很是嫉妒，他们又想杀掉舜，霸占这些财物。瞽叟让舜修补仓房的屋顶，却在下面纵火焚烧仓房。舜想下来却发现梯子已经被人搬走了，舜只好靠两只遮太阳用的斗笠作翼，从房上跳下，幸免于难。后来瞽叟等人还是不死心，又让舜掘井，井挖得很深了，瞽叟和象却在上面往井里填土，想将舜活埋在里面。幸亏舜事先有所警觉，在井旁边挖了一条通道，从通道逃出，躲了一段时间。瞽叟和象以为阴谋得逞，便回去将舜的家产给瓜分了。象霸占了舜的琴,还要尧的两个女儿给他做妻子。瞽叟和继母霸占了舜的牛羊和仓房。象想住进舜的房子,刚进门就看见舜正在弹琴,象大吃一惊,心里非常不高兴,嘴里却说:"我正在想念你呢!"舜也不放在心上,若无其事地并不追究父亲同弟弟要合伙谋杀自己的事情,而是一如既往,孝顺父母,友爱兄弟,而且比以前更加诚恳谨慎。瞽叟和象再也不敢暗害舜了。

舜在家里人要加害于他的时候,及时逃避;稍有好转,马上回到他们身边,尽可能给予帮助。身世如此不幸,环境如此恶劣,舜却能表现出非凡的品德,处理好家庭关系,舜的仁孝也被后人称颂,他成为了仁德的化身。

孟子的教育智慧

舜帝陵前的龙柱

【原文】

孟子曰:"天下之言性也,则故①而已矣。故者以利为本②。所恶于智者,为其凿也。如智者若禹之行水也,则无恶于智矣。禹之行水也,行其所无事也。如智者亦行其所无事,则智亦大矣。天之高也,星辰之远也,苟求其故,千岁之日至③,可坐而致也。"

【注释】

①故:指事物在运行中已经表现在外的现象。

②利:顺应。

③日至:这里指冬至。

【译文】

孟子说:"天下人所说的本性,无非指万物固有的道理而已。固有的道理是以顺乎自然

中国古代教育智慧

拔苗助长

作根本的。有时之所以要讨厌聪明，是因为它穿凿附会。如果聪明得能像禹使水顺势流泄那样，那就不会讨厌聪明了。禹使水顺势流泄，做的是不用穿凿而顺其自然的事。如果聪明人也能做不用穿凿而顺其自然的事，那聪明也就大得了不起了。天是很高的，星辰是很远的，如果能推求出它们固有的运行规律，那么一千年后的冬至，也是可以坐着推算出来的。"

【故事】

拔苗助长

春秋战国时期，宋国有个农民种了一块地。种下了禾苗后，他希望庄稼快点长高，结出果实。于是，他每天都到地里去看，但也看不出禾苗长高了，他心里非常着急。经常蹲在田头思考怎样才能让禾苗尽快长高。

一天，艳阳高照，他突然想出一个办法，于是急忙跑到自己的田里，到那里后把禾苗一棵一棵拔高了。回家后，他得意洋洋地地对家人说："累死我了，我今天终于帮助禾苗长高了，就等着好收成吧。"他的儿子很好奇，就去地里看个究竟，发现烈日已经把禾苗晒得全枯死了。

这就是拔苗助长的故事，也写作"揠苗助长"，是形容人自作聪明，去做一些违背规律的事情，急于求成，结果反而坏事。

九、万章上

【原文】

万章问曰："《诗》云：'娶妻如之何？必告父母'。信斯言也，宜莫如舜。舜之不告而娶，何也？"

孟子曰："告则不得娶。男女居室，人之大伦也；如告，则废人之大伦，以怼父母，是以不告也。"

万章曰："舜之不告而娶，则吾既得闻命矣；帝之妻舜而不告，何也？"

曰："帝亦知告焉则不得妻也。"

万章曰："父母使舜完廪①，捐阶②，瞽瞍焚廪。使浚井，出，从而掩之。象③曰：'谟盖都君咸我绩④。牛羊父母，仓廪父母，干戈朕，琴朕，弤⑤朕，二嫂使治朕栖。'象往入舜宫，舜在床琴。象曰：'郁陶思君尔。'忸怩。舜曰：'惟兹臣庶，汝其于予治。'不识舜不知象之将杀己与？"

曰："奚而不知也？象忧亦忧，象喜亦喜。"

曰："然则舜伪喜者与？"

曰："否。昔者有馈生鱼于郑子产，子产使校人⑥畜之池。校人烹之，反命曰：'始舍之，圉圉⑦焉；少则洋洋焉，攸然而逝。'子产曰：'得其所哉！得其所哉！'校人出，曰：'孰谓子产智？予既烹而食之，曰：得其所哉，得其所

子产

子产（？—前522年），姓公孙，名侨，字子产，春秋时期郑国（今河南新郑）人，著名的政治家和思想家。公元前554年任郑国卿，实行一系列政治改革，承认私田的合法性，向土地私有者征收军赋；铸刑书于鼎，为我国最早的成文法律。他主张保留"乡校"、听取"国人"意见，善于因才任使，采用"宽猛相济"的治国方略，将郑国治理得秩序井然。

中国古代教育智慧

万章墓

哉。'故君子可欺以其方，难罔以非其道。彼以爱兄之道来，故诚信而喜之，奚伪焉？"

【注释】

①廪：米仓。

②捐：舍弃。捐阶：撤掉梯子。

③象：人名，相传是舜的同父异母弟弟。

④盖："害"的假借字。都君：指舜。郁陶：思念之状。

⑤弤：漆成红色的弓。

⑥校人：管理池沼的小吏。

⑦圉：本义为监押之意，这里比喻为如犯人被监押而死气沉沉的样子之意。

【译文】

万章问道："《诗经》上说：'娶妻应该怎么做？一定先要禀告父母'。信守这道理的，应该没有人能比得上舜的。可是大舜没有报告父母就娶妻了，这是为什么呢？"

孟子说："禀告了，就娶不成了。男女成婚，是人类重大的伦理关系；如果舜禀告了而娶不成妻，就废掉了这种伦理关系，反而引起对父母怨恨，所以不禀告。"

万章说："舜不禀告就娶妻，我已领教了您的解释；帝尧把女儿嫁给舜，却也不告诉舜的父母，为什么呢？"

孟子说："帝尧也知道，告诉了他们，女儿就嫁不成了。"

万章说："父母叫舜去整修谷仓顶，然后撤掉了梯子，父亲瞽瞍放火焚烧谷仓。要舜去淘井,瞽叟一出井就堵塞盖住了井口。舜的弟弟象说:'谋害舜都是我的功绩,牛羊分给父母,粮仓分给父母,盾和戈归我,琴归我,雕漆的弓归我,两个嫂嫂让她们侍候我睡觉。'象走进舜的屋子,舜却安坐在床上弹琴。象说:'我想你想得好苦啊。'但神色惭愧。舜说:'我心里想的唯有臣子和百姓,你就协助我管理他们吧。'我不明白,舜难道不知道象要谋杀他吗?"

孟子说:"怎么会不知道呢?象忧愁,他也忧愁;象高兴,他也高兴。"

万章说:"这么说,舜是假装高兴的吗?"

孟子说:"不。从前有人送条活鱼给郑国的子产,子产叫管理池塘的小吏把它放养到池塘里。小吏把鱼煮煮吃了。回来报告说:'刚放它时,半死不活的;不一会儿就摇摆着尾巴游开了,一转眼就游不见了。'子产说:'得着它的好去处了!得着它的好去处了!'小吏出来后说:'谁说子产聪明?我都把鱼煮吃掉了,他还说得着它的好去处了,得着它的好去处了。'所以对君子可以欺骗其方正,却难以蒙蔽他离开正道。象用敬爱兄长的办法来欺骗舜,所以舜真诚地相信而感到高兴,怎么能说是假装的呢?"

【故事】

王祥求鲤

魏晋时期,有一个孝子名字叫王祥,是琅邪郡临沂县人(今天山东省临沂市的北边),

孟子的教育智慧

子产蓄鱼

中国古代教育智慧

王祥求鲤

王祥的生母很早就去世了，后来他父亲又娶了一个朱家的女人。可是后母朱氏是个心胸狭窄且多嫉的妇人，对王祥很不好，不仅不疼爱他，反而把他看成是眼中钉，想尽办法虐待他。不久，后母也生了一个儿子，叫王览。后母只疼爱自己的孩子，更变本加厉地苛待王祥，常常在父亲的面前，说王祥的坏话，渐渐地连父亲也不再疼爱他了。王祥家的院子里有一棵李子树，每年都结许多李子，后母喜欢吃李子，就派王祥去看管，如果有李子被风吹落下就用鞭子使劲打他。王祥非常小心地看护着李子树，有时候暴风雨来临，他就抱着树痛哭，担心李子落下后母心疼，结果李子一颗都没有落下来。

虽然后母和父亲都对他不好，王祥依然对父母很孝顺，父母患病的时候，他总是衣不解带、夜以继日地在旁边伺候。有一年冬天，父亲有事出远门去了，后母又病了，王祥一样日夜服侍。汤药煎好了，总是要自己先尝一口才给后母吃，生怕把后母烫着。在严寒的天气里，后母的病仍无起色，王祥很着急。病中的后母想吃河里新鲜的鱼。在那么严寒的天气里，外面下着雪，河里的水早已结成厚厚的冰。人们都躲在屋里，吃着储藏的食物，哪来的新鲜鱼呢？但是为了满足后母的要求，王祥走到结了厚厚一层冰的河上,想凿开厚冰捕鱼,但是冰太厚了,凿了许久,也没有凿出一个洞来。王祥灵机一动,顾不得寒冷地把上衣脱了,赤着上身卧在冰河上,想以自己的体温来融化冰块。说也奇怪,大概是王祥的孝心感动了上天,他身旁的冰块,忽然裂开了一道缝,有两条活生生的鲤鱼打缝儿里跳了出来,在冰上直蹦,王祥高兴得不得了。连忙跪下来,感谢老天爷,拿着鲤鱼跑回家去。病床的后母,看见王祥光着上身,上身已冻得发紫,手上提着两条鱼,感动得热泪盈眶,惭愧得无地自容。王祥的后母吃了新鲜鲤鱼后,很快病也好了。从此,后母终于感悟,对待王祥像自己亲儿子一样了。

王祥因求鲤,孝名和功绩被加官晋爵,晋武帝又官拜太保,进爵为公,许以不朝之特权,寿终九十四岁,其孝名为历代所传唱。

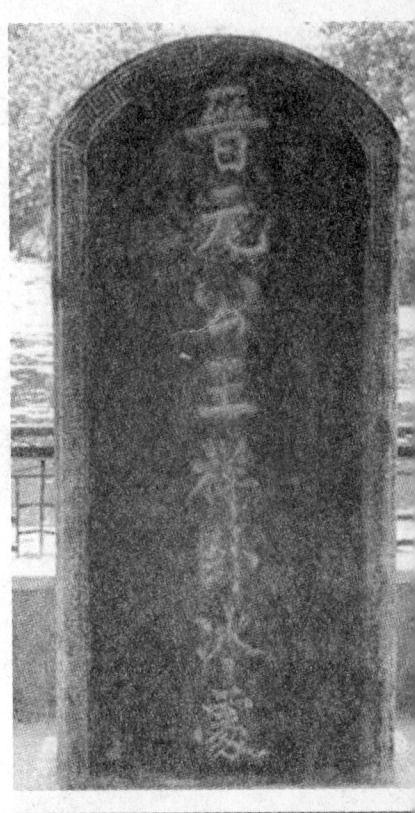

晋元公王祥卧冰处

【原文】

咸丘蒙问曰①:"语云:'盛德之士,君不得而臣,父不得而子。'舜南面而立,尧帅诸侯北面而朝之,瞽瞍亦北面而朝之。舜见瞽瞍,其容有蹙。孔子曰:'于斯时也,天下殆哉,岌岌乎!'不识此语诚然乎哉?"

孟子曰:"否,此非君子之言,齐东野人之语也。尧老而舜摄也。《尧典》曰:'二十有八载,放勋乃徂落,百姓如丧考妣,三年,四海遏密八音②。'孔子曰:'天无二日,民无二王。'舜既为天子矣,又帅天下诸侯以为尧三年

中国古代教育智慧

八音合鸣图

丧,是二天子矣。"

咸丘蒙曰:"舜之不臣尧,则吾既得闻命矣。《诗》云:'普天之下,莫非王土;率土之滨,莫非王臣。'而舜既为天子矣,敢问瞽瞍之非臣,如何?"

曰:"是诗也,非是之谓也,劳于王事而不得养父母也。曰:'此莫非王事,我独贤劳也'。故说诗者,不以文害辞,不以辞害志。以意逆志,是为得之。如以辞而已矣,《云汉》③之诗曰:'周余黎民,靡有孑遗。'信斯言也,是周无遗民也。孝子之至,莫大乎尊亲;尊亲之至,莫大乎以天下养。为天子父,尊之至也;以天下养,养之至也。《诗》曰:'永言孝思,孝思维则。'此之谓也。《书》曰:'祗载见瞽瞍,夔夔斋栗④,瞽瞍亦允若。'是为'父不得而子'也?"

【注释】

①咸丘蒙:姓咸丘,名蒙,孟子弟子。

②八音:中国古代对乐器的统称。指金、石、土、革、丝、木、匏、竹等八种材料制成的乐器。这里指代音乐。

③《云汉》:《诗经·大雅》中的一篇。

④夔夔斋栗:因谨慎而战栗的样子。

【译文】

咸丘蒙问:"古语说:'很有道德的人,

君主不能把他当作臣下,父亲不能把他当作儿子。'舜南面而立当了天子,尧带领诸侯向北面朝见他,瞽叟也向北面朝见他。舜见到瞽叟,神情局促不安。孔子说:'这个时候,天下危险得很啊!'不知道这话确实如此吗?"

孟子讲圣贤之道

孟子说:"不,这不是君子所说的,是齐国东郊老百姓的野话。是尧上了岁数而叫舜代理天子的。《尧典》上说:'舜代理了二十八年,才去世,群臣如同死了父母一般,服丧三年,天下不闻音乐之声。'孔子说:'天上没有两个太阳,人民没有两个天子。'舜既然在此前已经当了天子,又带领天下诸侯为尧服丧三年,就是有两位天子了。"

咸丘蒙说:"舜没有以尧为臣,这个我已经懂得了。《诗经》上说:'普天之下,没有哪里不是天子的土地;四海之内,没有哪个不是天子的臣民。'而舜既然做了天子,请问瞽叟却不称臣,这是为什么?"

孟子说:"这首诗,不是你所理解的那样;而是说为王事勤劳不能奉养父母。诗中的意思是说:'这些没有一件不是公事,却只有我最劳碌。'所以解说《诗经》的人,不能因为文字损害语句,不能以语句损害原作主旨。要用自己的思考去领会诗意,才能得到诗的真谛。如果只看词句,《云汉》诗篇说:'周朝剩下的百姓,没有一个留存。'相信这个话,就等于说周朝没有后代了。孝子的思想,最大的就是尊敬父母;尊敬父母的最高程度,最大

中国古代教育智慧

汉文帝亲尝汤药雕像

的莫过于以天下来奉养父母。作为天子的父亲，尊贵到了极至；以天下来奉养他，奉养达到了极至。《诗经》上说：'永远行孝道，孝道就是法则。'说的就是这个意思。《尚书》说：'舜恭敬地来见瞽瞍，以至谨慎战栗，瞽瞍也就相信舜的诚心而顺着儿子了。'这怎能说是父亲不能以他为子呢？"

【故事】

汉文帝侍母尝药

汉文帝刘恒是历史上有名的仁孝皇帝，他侍母尝药的故事，在后世广为流传。文帝的母亲薄姬，虽不是正宫皇后，但她秉性仁善，深得朝中大臣称道。汉文帝坚持以仁孝治理天下。平日，他身体力行，每天都向母亲问安，在百忙之中也要特别抽出时间，陪伴在母亲左右。在文帝心中，始终把侍母尽孝当作是自己生命中的大事。

一次，母亲不幸病倒了，文帝请来最好的医生给太后诊治，宫廷内外也都为尽早医好太后的病而各尽所能。此时此刻，文帝焦急万分，他深恐母亲一病不起，甚至会离自己而去。文帝时刻牵挂着母亲，他不放心宫女们照顾母亲。只要完成公务，文帝便会径直来到母亲寝宫，守护在母亲床前亲自照顾。看到母亲因病痛折磨而日益憔悴的面容，文帝食不甘味，夜不能眠，他亲自为母亲端水送药，一心想着让母亲尽快好起来。在侍奉母亲的三年

孟子的教育智慧

里,身为一国之君的汉文帝,几乎没有睡过一个安稳觉。即使在休息时,文帝也从不宽衣解带,生怕在母亲呼唤时,由于自己不能及时应母亲之需。为了更好地照顾母亲,文帝还学习所用汤药的药效、剂量,而且牢记于心。母亲每次服药前,文帝必会亲自先尝,品一品熬煮的浓度是否适当,温度是否合适,然后再嘱咐进行调制调温,直到适宜母亲服用之后,才放心地端给母亲。母亲在文帝三年如一日的侍奉护理下,终于有了好转。

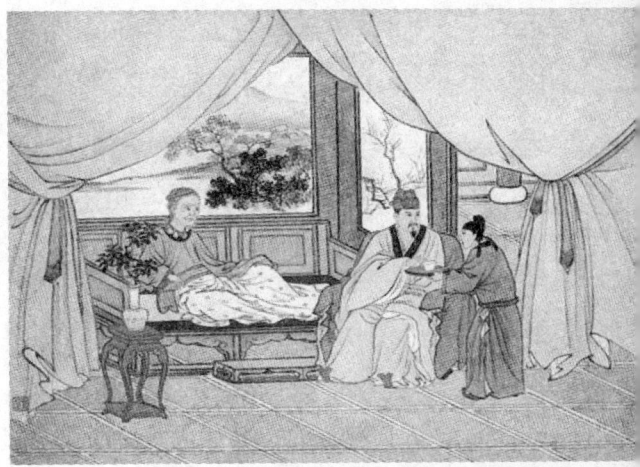

汉文帝侍母尝药

人们常说,久病床前无孝子。对病人三年无微不至地照顾,对一个人来讲,确实是一件不容易做到的事。可是,一位管理着天下万民的君王,却能够真正做到三年如一日地悉心侍奉,追其根源,这都是由于他有一颗真挚的孝敬之心。汉文帝以一颗拳拳孝子之心,以侍母尝药的孝行,为天下百姓做出了侍母报恩的榜样。

【原文】

万章曰:"尧以天下与舜,有诸?"

孟子曰:"否。天子不能以天下与人。"

"然则舜有天下也,孰与之?"

曰:"天与之。"

"天与之者,谆谆然命之乎?"

曰:"否,天不言,以行与事示之而已矣。"

中国古代教育智慧

尧庙

曰:"以行与事示之者,如之何?"

曰:"天子能荐人于天,不能使天与之天下;诸侯能荐人于天子,不能使天子与之诸侯;大夫能荐人于诸侯,不能使诸侯与之大夫。昔者,尧荐舜于天,而天受之;暴之于民,而民受之。故曰,天不言,以行与事示之而已矣。"

曰:"敢问荐之于天,而天受之;暴之于民,而民受之,如何?"

曰:"使之主祭,而百神享之,是天受之;使之主事,而事治,百姓安之,是民受之也。天与之,人与之,故曰,天子不能以天下与人。舜相尧二十有八载,非人之所能为也,天也。尧崩,三年之丧毕,舜避尧之子于南河之南①,天下诸侯朝觐者,不之尧之子而之舜;讼狱者,不之尧之子而之舜;讴歌者,不讴歌尧之子而讴歌舜,故曰,天也。夫然后之中国,践天子位焉。而居尧之宫,逼尧之子,是篡也,非天与也。《泰誓》②曰:'天视自我民视,天听自我民听。'此之谓也。"

【注释】

①南河:即漯河,因在尧都濮州的南面,故称南河。

②《泰誓》:《尚书》篇名。下引两句是《泰誓》逸文。

【译文】

万章问:"尧把天下交给舜,有这事吗?"

孟子说:"没有。天子不能把天下送人。"

万章说:"那舜得天下,是谁给他的呢?"

孟子说:"是上天给他的。"

万章说:"上天把天下交给他,是谆谆教导命令他的吗?"

孟子说:"不,上天不说话,是用行为和事实来示意而已。"

万章说:"凭舜的行动和办事表明天给了他天下,这怎么说?"

孟子说:"天子能把人推荐给天,不能让天把天下给这个人;诸侯能把人推荐给天子,不能让天子把诸侯的职位给这个人;大夫能把人推荐给诸侯,不能让诸侯把大夫的职位给这个人。从前,尧把舜推荐给天,天接受了;把舜介绍给百姓,百姓接受了。所以说,天不说话,凭舜的行动和办事表明天把天下给他罢了。"

万章说:"冒昧地请问,向上天推荐,而上天接受了;向老百姓介绍,老百姓也接受了,这怎么样说?"

孟子说:"叫舜主持祭祀,百神都来享用祭品,这表明天接受了他;叫舜主持政事,政事办得妥帖,百姓对他放心,这表明百姓接受了他。天授给他,人授给他,所以说,天子不能把天下送给人。舜帮助尧治理天下二十八年,不是人的意愿所能决定的,而是天的旨意。尧去世了,三年服丧结束,舜避开尧的儿子,到了南河的南

丹朱镇

据古史载,尧娶散宜氏之女,生下儿子丹朱。但尧的这个大儿子却很不争气,不务正业,骄傲暴虐,于是尧便把帝位禅让给了舜。这件事之后,丹朱发誓要改过自新。这时恰逢"三苗"之乱,舜便把平定"三苗"的任务交给了他。他不负众望,平息了叛乱,但却遭到了一些人的嫉恨,谣言说他拥有重兵,有反叛之心。正在此时,今山西长子一带瘟疫流行,丹朱便交出兵权,主动请缨到那里救灾,此后丹朱在长子治灾除病,兴修水利,颇有政绩。

因为丹朱是尧的长子,为纪念他,人们将此地称为"长子"。又因县城为丹朱所筑,故称"丹朱城"(今为丹朱镇)。

中国古代教育智慧

帝喾

面,可是天下诸侯来朝见天子的,却不到尧的儿子那里去,而到舜那里去;打官司的人,不去见尧的儿子而去拜见舜;歌颂的人,不歌颂尧的儿子而歌颂舜,所以说,这是天意。这之后舜才回到中原,继承天子之位。如果居住尧的宫殿,逼迫尧的儿子,就是篡夺,而不是上天给的了。《尚书·泰誓》上说:'上天所看见的来自于人民所看见的,上天所听见的来自于人民所听见的。'说的就是这个意思。"

【故事】

尧帝为民谋福利

尧是黄帝的后代,为上古五帝之一的帝喾的儿子,本名放勋。帝喾去世后,放勋的长兄挚继承其帝位。在放勋十五岁时封为唐侯,他在唐地与百姓同甘共苦,发展农业,妥善处理各类政务,把唐地治理得井井有条,不仅受到百姓的拥护和爱戴,而且得到不少部族首领的赞许。可是帝挚却没什么突出的政绩,各部族首领也就亲放勋而疏远挚。尧二十岁时,接替帝喾当上了中原部落联盟的大首领。帝号尧,因初封于唐,即以唐为朝代号,这是我国历史上第一个朝代号,后人称其为唐尧。唐尧即位后,为政勤慎俭朴,施德政、建国制、选贤能、政绩卓著,百姓们和睦相处,天下安宁,政治清明,世风祥和。

尧当政初期,天文历法还很不完善,百姓经常耽误农时,因此尧就组织专门人员总结前人的经验,令羲、和两族掌天文。根据日月星辰运行等天象和自然物候来推定时日，测定了四季，又以月亮一周期为一月，太阳一周期为一年，一年定为三百六十六天。这是有记载的，我国最早的历法，奠定了我国农历的基础。尧当政后生活非常俭朴，像普通老百姓一样住茅草屋，喝野菜汤，穿用葛藤织就的粗布衣。为了能够时刻注意倾听百姓们的意见，尧命人在简陋的宫门前设了一张"欲谏之鼓"，如果有人想对国家或君王提意见或建议，就可以随时去击打这面鼓，尧听到鼓声，立刻接见。他还让人在交通要道设立"诽谤之木"，即树立一根木柱，木柱旁有人看守，民众有意见，可以向看守人陈述。如果来人不想对看守人陈述，就可以直接上朝和尧陈述，那么看守人要给予指引。由于能及时听到民众的意见，尧对百姓的疾苦就非常了解。尧执政初期，还没有基本的国家制度，非常松散，不利于国家的统一管理；尧执政不久，积累了一定的施政经验后，开始建立国家政治制度，其中很重要的一条就是按各种政务任命官员，在我国历史上第一次建立较为系统的政治制度，为奴隶制国家的产生奠定了基础。

　　尧年老后，为找到继任的贤者，到处寻访，四岳荐舜，说舜非常孝顺，人品很好。尧把自己两个女儿嫁给舜，为了考察舜的品行，又出了些难题试验他的才能。最后还让烈风骤雨和虎狼虫蛇考验他的勇气，舜逐一通过了考验，尧放心地把国君之位让给了舜，这一让贤的举动成为历代贤君之美谈。

尧舜禅让

中国古代教育智慧

十、万章下

【原文】

万章曰:"士之不托①诸侯,何也?"

孟子曰:"不敢也。诸侯失国,而后托于诸侯,礼也;士之托于诸侯,非礼也。"

万章曰:"君馈之粟,则受之乎?"

曰:"受之。"

"受之,何义也?"

曰:"君之于氓②也,固周之。"

曰:"周之则受,赐之则不受,何也?"

曰:"不敢也。"

曰:"敢问其不敢何也?"

曰:"抱关击柝者,皆有常职以食于上;无常职而赐于上者,以为不恭也。"

曰:"君馈之,则受之,不识可常继乎?"

曰:"缪公之于子思也,亟问,亟馈鼎肉。子思不悦。于卒也,摽③使者出诸大门之外,北面稽首再拜而不受,曰:'今而后,知君之犬马畜伋!'盖自是台④无馈也。悦贤不能举,又不能养也,可谓悦贤乎?"

曰:"敢问国君欲养君子,如何斯可谓养矣?"

曰:"以君命将之,再拜稽首而受,其后廪人继粟,庖人继肉,不以君命将之。子思以为鼎肉使己仆仆尔亟拜也,非养君子之道也。

子思

子思(前481年—前402年),中国战国初期哲学家,战国初期思想家。姓孔,名伋,字子思,孔鲤之子,孔子之孙。相传曾授业于曾子。孟子受业于子思的门人,发挥子思的思想,形成思孟学派。鲁国陬邑(今山东曲阜)人。《中庸》为子思所著。

尧之于舜也，使其子九男事之，二女女焉，百官牛羊仓廪备，以养舜於畎亩之中，后举而加诸上位，故曰：王公之尊贤者也。"

【注释】

①托：寄托。

②氓：古代称外来的百姓为氓，这里用为百姓之意。

③摽：赶出去。

④台：敬辞。用于称呼对方或跟对方有关的行为，这里用为称呼之意。

【译文】

万章问："读书人不寄托于诸侯，这是为什么呢？"

孟子说："是不敢呀。诸侯失去了自己的国家，然后去寄托于其他诸侯，是合乎礼的；读书人寄托于诸侯，就不合乎礼了。"

万章说："如果国君赠送粮食给他，他可以接受吗？"

孟子说："可以接受。"

万章说："接受馈赠是什么行为方式呢？"

孟子说："国君对于流动的外来百姓，也是要周济的。"

万章说："周济他，就接受，赏赐他，就不接受，这又是什么道理？"

孟子说："不敢呀。"

万章说："冒昧地请问为什么不敢呢？"

孟子说："守门打更的人都有一定的职务，因此靠上面供养，没有一定的职务而接受上面赏

孟子的教育智慧

孟子讲仁义礼智

祭祀狩猎牛骨刻辞

赐,被认为是不恭敬的。"

万章说:"国君赠送,就接受,不知道能经常这样吗?"

孟子说:"鲁缪公对待子思,多次派人慰问,多次赠送煮熟的肉。子思对此很不高兴。最终,把缪公派来的人赶出大门外,面朝北跪下磕头,然后拱手拜了两拜,拒绝接受礼物,说:'如今才知道君王是把我当犬马一样畜养的。'就是从这时起使者不再来送东西了。很喜欢贤才但不举荐任用,又不能用养贤的方法来对待,这能说是喜欢贤才吗?"

万章说:"冒昧地请问国君想奉养君子,怎么样才算是养贤呢?"

孟子说:"以国君名义送去,他便拱手拜两拜,跪下磕头接受。以后就让粮仓的小吏不断送粮去,厨师不断送肉去,而不必再以国君名义去送。子思认为为了几块煮熟的肉食使自己辛苦地多次跪拜,这不是供养君子的办法。尧对于舜,使自己的九个儿子侍奉舜,又把两个女儿嫁给舜,百官、牛羊、仓库等都齐备了,使舜在田野中接受供养,然后才提升他担任很高的职位,所以说,这是天子诸侯尊敬贤人的正确方法。"

【故事】

晋悼公用贤

春秋时代,晋国的晋悼公是位英明有为的君主,他有位执法严明、大公无私的官吏叫司马魏绛。有一次,晋悼公的弟弟杨干在曲梁扰乱军阵，魏绛便将替杨干赶车的仆人抓起来斩首示众。

于是杨干向晋悼公添油加醋地哭诉魏绛目中无人、侮辱王室，晋悼公听后勃然大怒，指责魏绛失礼，没有经过自己的允许就私自将人问斩。他很生气地对大臣们说："我的弟弟受到侮辱，有什么比得上这种羞耻呢？我一定得降魏绛死罪，才能消除我心头之恨！"

这时，大臣羊舌赤便道："魏绛是位忠臣，绝不会逃避责任的。"话未说完，魏绛来到宫外，呈给晋悼公一封奏书，然后拔出剑，向着晋悼公的宫门准备自刎，后来被门外的卫士劝阻。

晋悼公看了奏书之后，得知是杨干无理，魏绛只是依法办事。于是晋悼公连鞋子都来不及穿，便急急忙忙地跑到宫外来，扶起魏绛说："这全都是我的过失啊！"此后晋悼公对魏绛更加信任，还派他去训练新军。

后来，北方戎狄无终国向晋国献礼，请求与晋国和睦相处。晋悼公说："戎狄既无情义，又贪心，不如我们出兵把他们消灭算了。"但魏绛说："戎狄既求和，乃我晋国之福，何必动武出兵去伐它呢？"晋悼公听从了他的话，北方戎狄再也没侵犯国晋国，晋悼公也因此得以专心致力于国事。魏绛时常告诫晋悼公要居安思危、爱惜百姓、勤于国事，晋国在魏绛的辅佐之下，国势日渐强大。

魏绛

魏绛，即魏庄子，生卒年不详。春秋时晋国卿。其先祖为庶人，与周同姓，因伐纣有功被周武王封于毕，于是以毕为姓。到毕万时，事晋献公，伐霍、耿、魏等国有功，封于魏，遂又以魏为姓。

【原文】

孟子谓万章曰："一乡之善士，斯友一乡

中国古代教育智慧

徐光启

之善士；一国之善士，斯友一国之善士；天下之善士，斯友天下之善士。以友天下之善士为未足，又尚①论古之人。颂②其诗，读其书，不知其人，可乎？是以论其世也，是尚友也。"

【注释】
①尚：上。
②颂：通"诵"，诵读。

【译文】
孟子对万章说："一个乡村里的优秀人物，和这一乡村的优秀人物交朋友；一个国家中的优秀人物，和这一个国家的优秀人物交朋友；天下的优秀人物，和天下的优秀人物交朋友。认为同天下的优秀人物交朋友还不够，就又上溯历史，评论古代的人物。吟诵他们的诗，读他们的著作，不了解他们的为人，行吗？所以还要研究他们在那个时代的所作所为，与古人交朋友。"

【故事】

徐光启和利玛窦

徐光启（1562年—1633年），字子先，号玄扈，上海徐家汇人。他是中国近代科学的先驱，在天文、历法和农业等方面都有深湛的研究，为我国科技事业的发展作出了杰出的贡献。徐光启的成就，和他广交朋友有着密切关系。特别是他认识的几位"洋朋友"，对他引进先进的西方科学知识帮助很大。

孟子的教育智慧

徐光启出生在一个贫苦人家。他从小喜爱数学和农学，希望贡献一技之长，实现强国富民的理想。但当时一般人只知道捧读"四书五经"，他很不理解。好在徐家汇有一所天主教堂，那里年轻的传教士郭居静受过多年的西方教育，两人志趣相投，很快成了要好的朋友。郭居静告诉他，现在西方天主教会正在想方设法到中国建教堂，其中一些传教士都很了解科学知识，可以向他们学这方面的东西。机会果真来了。三十九岁那年，徐光启好不容易考上了举人、贡士，要到北京去参加进士考试。途中，他意外听到传教士利玛窦在南京讲学、传教的消息，便决定改道去南京，拜见这位仰慕已久的大学者。这位利玛窦（1552年—1610年）是意大利人，少时进教会学校，后去罗马学法律，1571年加入耶稣会，1578年去印度果阿习神职。他于1581年（明万历九年）来到中国，先后在肇庆、南昌、南京等地建教堂传教，同时学习中国的语言、文学和礼仪，成了一位"中国通"。不少传教士是因为他的宣传、介绍才来到中国的。利玛窦和徐光启一见如故，他非常欣赏这位有知识、有才华的中国学者，并介绍其他几位传教士给他认识。徐光启对深通天文、历算、化学的利玛窦也非常尊敬，保持一种亦师亦友的关系。

明代万历二十九年（1601年）二月，利玛窦到达京师（北京）。徐光启也在万历三十二年（1604年）中了进士。利玛窦采取适合中同

徐光启与利玛窦

中国古代教育智慧

利玛窦

习俗的传教方式，穿中国儒服以接近中国士大夫，主张将儒家学说、宗法敬祖同天主教义相融合，同时介绍西方文化，因此获准在北京传教。徐光启求知心切，便在教堂住了下来，还同利玛窦合作一起翻译欧几里得的《几何原理》，第一次将欧洲的数学理论介绍到中国。他还在传教士们的帮助下，编译了《测量法义》《测量并同》《勾股义》《泰西水利》等书，使中国人大开眼界。

徐光启与利玛窦等人的密切往来，引起了一些封建士大夫的非议。1616年夏天，礼部侍郎沈催在《邸报》上写了一篇文章，说是朝廷一些人听信传教士"胡说"，当了传教士的义务宣传员，主张把西方传教士一律驱逐出境。当时，徐光启正担任翰林院检讨（专门给皇帝起草诏书的官职），他在气愤中给皇帝写了一个奏折，为自己申辩。他说："《邸报》上虽然没有指名道姓，但满朝官员谁不知道我徐光启同传教士的关系？谁不知道我徐光启同传教士一起研究天文、历法、水利呢？我同他们的交往，并不是出于私利，而是为了把西方先进的科学知识介绍到中国来，造福于人民和社会。"由于他的上书言词恳切，光明磊落，因此神宗皇帝不但没怪罪他，还提拔他为礼部侍郎。

徐光启在明代崇祯初年被任命为礼部尚书，他的最大心愿是利用西方科学知识，改造修订《大统历》。《大统历》是明初一些天文学家，在元代郭守敬制定的《授时历》的基础上修订而成的，对农业生产和人民生活很有帮助。但后来误差越来越大，以致1629年6月的一天北京发生日食也未能推算出来，造成百姓惊慌，影响安定。徐光启接受崇祯皇帝的任命，主持修历工作。此时利玛窦已经去世多年，徐光启在传教士龙华民、邓玉函、罗雅各等人的协助下，辛勤工作，细致观察，准确推算，终于成功地完成了《大统历》的修订工作，使后代受益无穷。我们现在使用的农历历法，就是徐光启和他的助手们当年修订的。

徐光启像

中国古代教育智慧

告子

十一、告子上

【原文】

告子曰："性犹湍水①也，决诸东方则东流，决诸西方则西流。人性之无分于善不善也，犹水之无分于东西也。"

孟子曰："水信无分于东西，无分于上下乎？人性之善也，犹水之就下也。人无有不善，水无有不下。今夫水，搏而跃之，可使过颡；激而行之，可使在山。是岂水之性哉？其势则然也。人之可使为不善，其性亦犹是也。"

【注释】

①湍水：水势急速的水流。

【译文】

告子说："人性就好比是水势急速的水流，在东边冲开缺口就向东流，在西边冲开缺口就向西流。所以人性没有善不善之分，就好比水没有流向东西方之分。"

孟子说："水流确实没有东流西流之分，但是没有上流下流之分吗？人的本性是善良的，就好比是向下流淌一样。人的本性没有不善良的，水的本性没不向下流淌的。如今的水，被击打就可以溅得很高，可以使它高过额头；堵塞水道使它倒行，就可以使它流上山岗。难道这是水的本性吗？是形势导致这样的。人之所以可以使他变得不善，他本性的改变也正像这样。"

【故事】

周处自新

周处搏蛟图

周处是晋朝义兴县人，他年轻时，为人蛮横强悍，脾气粗暴，是当地一大祸害。义兴的河中有条蛟龙，山上有只白额虎，一起祸害百姓。义兴的百姓称他们是"三大祸害"，三害当中周处最为厉害。

为了除掉三害，有人劝说周处去杀死猛虎和蛟龙，希望三个祸害相互拼杀只剩下一个。周处身手不凡杀死了老虎，又下到河里与蛟龙斗了三天三夜，终于杀死了这条龙，当地的百姓们都以为周处也死了，于是都开始庆贺。

周处杀死了蛟龙从水中出来，听说乡里人以为自己已死才对此庆贺的事情，才知道过去自己的恶行已经让大家把自己当作一大祸害，从此，下定决心要重新做人。

他来到吴郡找陆机和陆云两位有修养的名人，把自己的情况告诉了他们，并表示自己想要改正错误，可是岁月已经荒废了，怕终究没有什么成就。陆云就告诉他说："古人珍视道义，认为'哪怕是早晨明白了道理，晚上就死去也甘心'，人就怕立不下志向，只要能立志，又何必担忧好名声不能传扬呢？"周处听后就改过自新，终于成为一名忠臣。

中国古代教育智慧

孟母三迁

【原文】

告子曰:"生之谓性。"

孟子曰:"生之谓性也,犹白之谓白与?"

曰:"然。"

"白羽之白也,犹白雪之白;白雪之白,犹白玉之白与?"

曰:"然。"

"然则犬之性犹牛之性,牛之性犹人之性与?"

【译文】

告子说:"天生的禀赋就称为性。"

孟子说:"天生的禀赋就称为性,那就等于说白色的东西就称为白吗?"

告子说:"是的。"

孟子说:"那么白色的羽毛之白,就好比是白雪的白,就好比是白玉的白吗?"

告子说:"是的。"

孟子说:"那么狗的本性就好比是牛的本性,牛的本性就好比是人的本性吗?"

【故事】

孟母三迁

"近朱者赤,近墨者黑。"环境是孩子成长和生活中重要的一部分,好的环境可以促进孩子健康成长,而恶劣的环境则可能使孩子也跟着学坏。

孟子小的时候,父亲早早去世,全靠母亲

一人日夜纺纱织布,挑起生活重担。她希望自己的儿子读书上进,早日成才。

一次,孟母看到孟子在跟邻居家的小孩儿打架,孟母觉得这里的环境不好,于是搬家了。搬到新地方后的一天,孟母看见邻居铁匠家里支着个大炉子,几个满身油污的铁匠师傅在打铁。孟子在院子的角落里,用砖块做铁砧,用木棍做铁锤,模仿着铁匠师傅的动作,玩得正起劲。孟母一想,这里环境还是不好,于是又搬了家。

这次她把家搬到了荒郊野外。一天,孟子看到一行穿着孝服的送葬队伍,哭哭啼啼抬着棺材来到坟地,几个小伙子用锄头挖墓穴,把棺材埋了。他觉得挺好玩儿,就模仿着他们的动作,也用树枝挖开地面,认认真真地把一根小树枝当作死人埋了下去。直到孟母找来,才把他拉回了家。

为此,孟母第三次搬家了。这次的家隔壁是一所学堂,有个胡子花白的老先生教一群学生。老师每天摇头晃脑地领着学生念书,那拖腔拖调的声音就像唱歌,孟子也跟着摇头晃脑地念了起来。孟母看了很高兴,就把孟子送去上学。

可是有一天,孟子却逃学跑出去玩儿了。孟母知道后非常伤心。等孟子回来后,就把他叫到身边,说:"你贪玩儿逃学不读书,就像剪断了的布一样,织不成布;织不成布,就没有衣服穿;不好好读书,你就永远成不了人才。"说着,抄起剪刀,把织机上要织好的布全剪断了。

孟子愣住了,从心里真正地有了悔改之

孟母三迁祠

中国古代教育智慧

孟母断机处石碑古迹

意。他认真地思考了很久，终于明白了道理，从此专心读起书来。由于他天资聪明，后来又跟孔子的孙子子思学习，终于成了儒家学说的主要代表人物。

后来，大家就用"孟母三迁"来表示人应该要接近好的人、事、物，才能学习到好的习惯。

【原文】

孟子曰："鱼，我所欲也，熊掌亦我所欲也；二者不可得兼，舍鱼而取熊掌者也。生亦我所欲也，义亦我所欲也；二者不可得兼，舍生而取义者也。生亦我所欲，所欲有甚于生者，故不为苟①得也；死亦我所恶，所恶有甚于死者，故患有所不辟也。如使人之所欲莫甚于生，则凡可以得生者，何不用也？使人之所恶莫甚于死者，则凡可以辟患者，何不为也？由是则生而有不用也，由是则可以辟患而有不为也，是故所欲有甚于生者，所恶有甚于死者。非独贤才有是心也，人皆有之，贤者能勿丧耳。一箪食，一豆②羹，得之则生，弗得则死，嘑③尔而与之，行道之人弗受；蹴④尔而与之，乞人不屑也；万钟⑤不辩礼义而受之。万钟于我何加焉？为宫室之美、妻妾之奉，所识穷乏者得⑥我与？乡为身死而不受，今为宫室之美为之；乡为身死而不受，今为妻妾之奉为之；乡为身死而不受，今为所识穷乏者得我而为之，是亦不可以已乎？此之谓失其本心。"

孟子的教育智慧

战国羽纹簋

【注释】

①苟：随便。

②豆：本义是指古代一种盛食物的器皿，形似高脚盘。新石器时代晚期开始出现，盛行于商周时，多陶制，也有青铜制或木制涂漆的。后世也作礼器。这里为器皿之意。

③嘑：大声叫喊。

④蹴：踩踏。

⑤钟：古代量器，六石四斗为一钟。

⑥得：通"德"，此处作动词。

【译文】

孟子说："鱼是我所喜爱的，熊掌也是我所喜爱的；两样不可能同时得到，就舍弃鱼而要熊掌。生命是我所喜爱的，义也是我所喜爱的；两样不能同时兼顾，就放弃生命而要义。生存是我所喜爱的，但所喜爱的有超过生命的，所以不做苟且偷生的事；死亡是我所憎恶的，但我所憎恶的有超过死亡的，所以有些祸患我不躲避。假使人们所喜爱的没有什么超过生命的了，那么凡是可以保命的手段，哪样不可以采用呢？假使人们所憎恶的没有什么超过死亡的了，那么凡是可以躲避祸患的事，哪样不可以去干呢？按这么做就能保住生命，然而有人却不去做；按这么做就能避开祸患，然而有人却没有做。由此可见，所喜爱的有超过生命的，所憎恶的有超过死亡的。不仅仅是贤人有这样的思想，人人都是有的，只是贤人能不丧失它罢了。一篮子饭，一碗汤，得到就能

中国古代教育智慧

楚惠王熊章铸钟

活,得不到就饿死,吆喝着施舍给人,路上的饿汉也不愿接受;用脚踢着施舍给人,那就连乞丐也会不屑一顾的。可是现在,一万钟的俸禄,有人却不问是否合乎礼义就接受了。一万钟的俸禄对我有什么好处呢?是为了住宅的华美、为了妻妾的侍奉,为了认识的穷困人对自己感激吗?过去宁愿身死都不接受,如今为了住宅的华美而为之;过去宁愿身死都不接受,如今为了妻妾的侍奉而为之,过去宁愿身死都不接受,如今为了认识的穷困的人对自己的感激而为之;这些事难道不应该停止吗?这就叫做迷失了本性。"

【故事】

申鸣忠孝不能两全

楚国有一个读书人叫申鸣,他是楚国人人皆知的孝子,楚惠王想请他做宰相,他都拒绝了,而一心在家侍奉父亲。他的父亲知道了这件事后,说:"楚王想请你做宰相,你为什么不去做呢?"申鸣答道:"为什么我不做父亲的孝子,而要做王的忠臣?"他的父亲说:"做宰相能够造福于国家,在朝廷里有地位,你能实现你的抱负,你做得开心我也会觉得愉快,所以你去做宰相吧。"申鸣说:"好的。"于是答应了楚王的要求,成为楚国的宰相。

过了三年,白公胜作乱,申鸣要为楚王征战铲除他。他的父亲阻止他说:"你怎么能丢下父亲一人,自己去牺牲,这样做是不孝的

孟子的教育智慧

啊。"申鸣说:"听说做官的人,身体归人主所有,而俸禄送给双亲,现在我既然已经抛开人子的身份去侍奉人主,不应该为他牺牲吗?"于是,申鸣辞别双亲到战场上去了,并用兵包围了白公胜。

白公胜对手下石乞说:"申鸣是天下的勇士,现在用兵包围我,我该怎样办?"石乞说:"申鸣也是天下的孝子,如果劫持他的父亲,申鸣一定会听服于我们了。"白公胜接受这个建议,立刻派兵劫持了申鸣的父亲,并告之申鸣:"归附于我,打败楚国后,我同你分享楚国;如果你不归附于我,你的父亲就要被杀。"申鸣流下眼泪说:"当初我是父亲的孝子,现在是人主的忠臣;我接受了俸禄,要尽自己的能力去为主人做事,现在我不可能做我父亲的孝子了,还能不做国君的忠臣吗?"他狠下心来,派兵杀掉了白公胜,申鸣的父亲也被白公胜杀害了。

战争取得胜利归来后,楚惠王非常高兴,赏给申鸣一百斤金,申鸣说:"我受了您的俸禄,就应该为您办事,这才是忠臣;为安定主人的政权,我害了自己的父亲,这不是孝子的行为,忠孝不能两全啊。如果这样活着,还有什么颜面立于天下?"于是申鸣就自杀了。

孝子申鸣面对"父亲"与"国家"孰重孰轻的问题时,内心煎熬,最终他选择了为国家尽忠,等完成任务时,再结束自己的性命为父亲尽孝,这种大智大爱的精神不是一般人可以做到的啊!

白公胜

白公胜(前533年—前479年),楚平王太子建之子。太子建为郑所杀,白公胜与伍子胥从郑逃奔吴。楚惠王二年(前487年),被诏返楚,命为巢大夫,封地白城,以城为氏,乃白氏受姓之始。楚惠王八年晋伐郑,郑告急求救于楚,楚令尹子西受郑赂与其结盟。白公怒,楚惠王十年带兵入郢,杀子西、子期,劫走惠王,白公立为楚王,史称"白公之乱"。随后,被叶公子高(楚国大臣,左司马沈尹戌之子)率军打败,自缢而死。

中国古代教育智慧

曾子杀猪示信

十二、告子 下

【原文】

孟子曰："君子不亮①，恶乎执②？"

【注释】

①亮：通"谅"，诚信。

②恶：这里用为表示疑问，相当于何、怎么之意。执：坚持。

【译文】

孟子说："君子不讲求诚信，又能够坚持什么呢？"

【故事】

诚信为本

春秋末期鲁国著名的思想家、儒学家曾参，是孔子门生中七十二贤之一。他博学多才，且十分注重修身养性，德行高尚。

有一次，他的妻子要到集市上办事，年幼的儿子吵闹着要跟着一起去。曾参的妻子不愿带儿子去，便对他说："你在家好好玩儿，等妈妈回来，杀猪煮肉给你吃。"儿子听了，非常高兴，不再吵着要去集市了。这话本是哄儿子说着玩儿的，过后，曾参的妻子便忘了。不料，妻子从集市上回来后，发现曾参却真的把家里的一头猪杀了。于是,她气愤地对丈夫说:"我是哄儿子玩儿,才说等回来把猪杀了烧肉给他吃的,你怎么就真把猪杀了呢?"曾参说:"孩子是不能欺骗的!他不懂事,还没有辨别能力,只得学习别人的样子。父母是他的榜样,父母怎么样教育出来的孩子就会怎么样。你现在哄骗他,等于是在潜移默化地教他学会欺骗。再说,你现在欺骗了孩子,言而无信,孩子以后自然也就不相信你了,你以后还怎么教育孩子?这不是一句玩笑话而已,是诚信的问题啊。"

诚信是儒家一贯坚持的原则,也是其极为重要的修养之一。曾参的话语虽然浅显,道理却中肯而深刻。示人以信,信守诺言,这是人际交往中最起码的原则。

【原文】

孟子曰:"教亦多术矣,予不屑之教诲也者,是亦教诲之而已矣。"

【译文】

孟子说:"教育也是有多种方式的,对某个人,我不屑去教诲他,这也是教诲他的一种方式罢了。"

【故事】

唐伯虎推窗

唐寅(1470年—1523年),字伯虎,又字子畏,别号六如居士、桃花庵主、逃禅仙吏等,苏州人。明代著名书画家、文学家。绘画

孟子的教育智慧

唐伯虎

中国古代教育智慧

唐伯虎传世名画

与沈石田、文征明、仇英齐名，史称"明四家"。诗词曲赋与文征明、祝允明、徐祯卿并称"江南四大才子"（也称吴门四才子），有"江南第一风流才子"之美称。

唐伯虎在年少时，便爱画山水人物、石头松竹。母亲见儿子有些天赋，便递给他一个行李卷和一包碎银，要他去跟大画家沈周学习，以求更上一层楼。

沈周见唐伯虎俊逸清秀、聪明伶俐，便收下了这个徒弟。唐伯虎学了一年后，偷偷把自己的画与师傅的作品比了比，感到不相上下，不愿再学下去了，于是提出要回家"孝敬老母"。沈周看出了他的自满情绪，就叫妻子做了几样菜，端进东厢一间小屋里。师徒二人坐下，一边饮酒一边谈话。沈周笑问："学画一年，想念母亲了是吗？"唐伯虎连连称是。沈周笑道："你的画本来不错，又学了一年，可以出师了。"唐伯虎拱手施礼："感谢老师大恩。"沈周笑了笑，说："这酒喝得为师全身发热，你帮为师将窗子全部推开，凉快凉快。"唐伯虎应了一声，起身走到窗前，他推了推西窗推不开，又转身推了推北窗，也未能推开。他仔细一看，发现自己手下的窗户竟是老师沈周的一幅画，顿时感到非常惭愧。于是，"扑通"一声双膝跪下，说："师傅，我不想回家了，留下我再学三年吧！"

十三、尽心上

【原文】

孟子谓宋勾践曰:"子好游乎?吾语子游。人知之亦嚣嚣,人不知亦嚣嚣。"

曰:"何如斯可以嚣嚣矣?"

曰:"尊德乐义则可以嚣嚣矣,故士穷不失义,达不离道。穷不失义,故士得己焉;达不离道,故民不失望焉。古之人,得志泽加于民,不得志修身见于世;穷则独善其身,达则兼善天下。"

刘伯温

【译文】

孟子对宋勾践说:"你喜好游说吗?我对你说说游说。他人了解你,你安详自得;他人不了解你,你也安详自得。"

宋勾践说:"怎样才能安详自得呢?"

孟子说:"尊崇德、乐于义就能安详自得,因此,士人穷困不失去义,显达不离开道。穷困不失去义,所以士人自得;显达不离开道,所以民众不失望。古时候的人,得志就把恩惠施加给民众,不得志就修饬自身显现于世间;穷困就独善自身,显达就兼善天下。"

【故事】

刘伯温进退自得

刘伯温(1311年—1375年),名刘基,字

中国古代教育智慧

刘伯温庙

伯温。他自幼聪颖异常,天赋极高。在家庭的熏陶下,好学深思,对儒家经典、诸子百家之书,都非常熟悉。尤其对天文、地理、兵法、术数之类更是潜心研究,颇有心得。因为他深谋远虑,有"前知五百年,后知五百年"之远见,被成为"活神仙"。

他二十六岁时初入仕途,任江西高安县丞,以"不避强御"而著称,人称"刘青天"。二十八岁时调任江西行省职官掾史,以"戆直"闻名,与幕僚不和。三十岁时弃官隐居,读书写诗。三十八岁时复出为江浙行省儒学副提举,一年后又辞职,闲居杭州。四十二岁时复出,为浙东元帅府都事。他招募民兵,大败方国珍的起义军;后因反对招安,坚持剿捕,被朝廷罢官,羁留绍兴,以诗文自娱。四十六岁时复任行省都事,后升为行省郎中。四十八岁时又辞官归隐。刘伯温一生勋业辉煌,人称"开国文臣第一,渡江策士无双";朱元璋称他"学为帝师,才称王佐","吾子房(张良)也"。学界称他"千古之人豪"。

1360年,刘伯温应朱元璋聘请,赴金陵,呈《时务十八策》。同年,以计"乘东风发伏兵击之,斩获若干万"陈友谅的士兵。第二年,又出计克江州,降洪都。五十二岁时,刘

孟子的教育智慧

伯温回乡葬母，途中平定苗军叛乱。居家期间，朱元璋多次恳请他尽早回京。回京后，刘伯温策划了鄱阳湖大战，击溃了陈友谅，救朱元璋一命。五十六岁时，刘伯温承命，卜地筑皇宫，后与李善长一起制定律令。五十八岁时任御史中丞，斩中书省都事李彬，忤李善长；五十九岁时与朱元璋讨论宰相人选，忤汪广洋、杨宪、胡惟庸；六十一岁时告老还乡，不问政事，唯下棋饮酒；六十四岁时，刘伯温病逝。

刘伯温墓

刘伯温一生多次辞官，急流勇退，表现了"达则兼善天下，穷则独善其身"的德行；归隐期间，他以寓言的形式写出《郁离子》，提出救时之术。他认为，胜天下之道在德；天下非一人之天下，惟有德者居之；德不广不能使人来，量不宏不能使人安；得民心者得天下，唯修德省刑，轻徭薄赋，与民休息，方能得民心。

【原文】

孟子曰："人之所不学而能者，其良能也①；所不虑而知者，其良知也②。孩提之童，无不知爱其亲者，及其长也，无不知敬其兄也。亲亲，仁也；敬长，义也；无他，达之天下也。"

【注释】

①良能：最擅长的。

中国古代教育智慧

孔融让梨

②良知：所知道的。

【译文】

孟子说："人们没有经过学习就会的，是人的良能。不经过考虑就知道的，是人的良知。两三岁的小孩子，没有不知道喜爱父母的，等到长大，没有不知道尊敬兄长的。亲近父母，就是仁；尊敬兄长，就是义；这没有别的原因，这是因为仁义是可以通行天下的。"

【故事】

孔融让梨

东汉鲁国，有个名叫孔融的孩子，十分聪明，也非常懂事。孔融还有五个哥哥，一个小弟弟，兄弟七人相处得十分融洽。有一天，孔融的妈妈买来许多梨，一盘梨子放在桌上，哥哥们让孔融和最小的弟弟先拿。孔融看了看盘子中的梨，发现梨子有大有小。他不挑好的，不拣大的，只拿了一个最小的梨子，津津有味地吃了起来。爸爸看见孔融的行为，心里很高兴，心想：别看这孩子刚刚四岁，却懂得应该把好的东西留给别人的道理呢。于是他故意问孔融："盘子里这么多的梨，又让你先拿，你为什么不拿大的，只拿一个最小的呢？"孔融回答说："我年纪小，应该拿个最小的，大的应该留给哥哥吃。"

爸爸接着问道:"你弟弟不是比你还要小吗?照你这么说,他应该拿最小的一个才对呀?"孔融说:"我比弟弟大,我是哥哥,我应该把大的让给小弟弟吃。"爸爸听了孔融的回答很高兴,认为这孩子从小就懂得仁爱谦让之礼,以后一定能有大作为。果然,长大后,他成了汉末大文学家,为著名的"建安七子"之一。

【原文】

孟子曰:"饥者甘食,渴者甘饮,是未得饮食之正也,饥渴害之也。岂惟口腹有饥渴之害?人心亦皆有害。人能无以饥渴之害为心害。则不及人不为忧矣。"

【译文】

孟子说:"饥饿的人觉得吃任何东西都好吃,干渴的人觉得任何饮料都是美味,他不知道饮料、食物的正常味道,是因为受了饥渴的损害,是人体本能所害的。难道只有口腹才受饥渴所害吗?人的心理亦会受饥饿所害。人如果不要以口腹受饥饿所害而使心理受所害,那么就不用担心自己比不上别人了。"

【故事】

呕心沥血谱华章

我国唐代著名诗人李贺,天资聪颖,七岁时就能写出很精彩的诗歌、文章,被认为是小神童。尽管李贺聪颖过人,可他依然十分努力,从无丝毫的懈怠,作文、写诗都非常严肃

李贺

李贺(790年—816年),字长吉,河南福昌(今河南宜阳)人,是著名的唐朝诗人,被称为"诗鬼"。

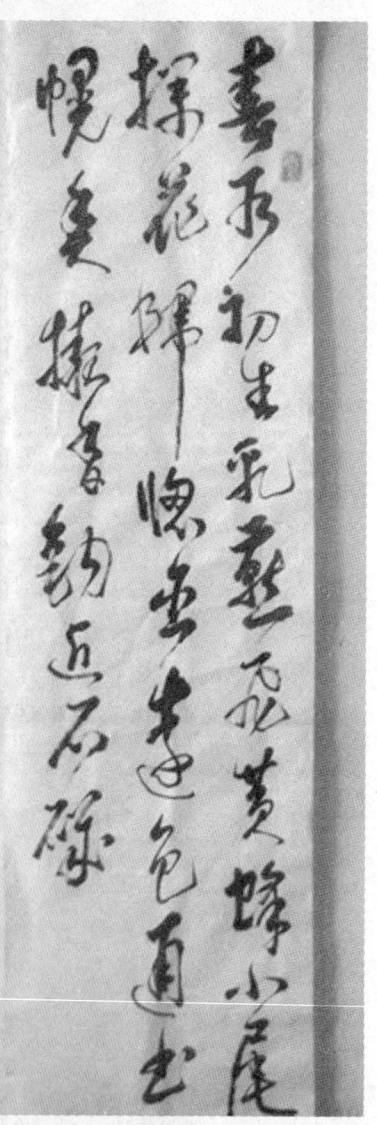

李贺诗

认真，从不马虎草率。

李贺写诗、作文，有与众不同的习惯，他不是闭门造车冥思苦想，而是十分注重搜集材料、积累心得、捕捉灵感，他特别注意观察生活、实地考察。他习惯于每天早上骑着家里那匹瘦马外出游览，每每有了什么见闻或心得体会，便当即记录下来，装进随身带的绣花锦囊之中。当太阳落山的时候，李贺才回家，到家常常已是掌灯时分，家里人早已吃过晚饭了。

李贺回到家，他母亲赶紧叫仆人端上热过的饭菜，可是李贺依然没有急着去吃饭，而是将白天写的那些草稿从锦囊中取出来，及时修改、整理，然后誊写清楚，集中放入另一个绣花锦囊之中，这才吃饭、休息。李贺天天如此坚持不懈，只要不是因病或家里办重大的红白喜事，他一直坚持这样做。

一天晚上，待李贺回家做完这一切躺下睡着后，母亲来到他的房间，取过锦囊将里面的东西全倒出来，一看，竟都是些诗稿、笔记，除此以外，别无他物。他母亲想到这孩子一向体弱多病，再看他倒床便睡疲惫不堪的样子，十分心疼又担忧地叹息道："这孩子真是非要把心呕出来才肯罢休啊！"

李贺虽然很年轻时就去世了，可他的很多诗作却成为人们喜爱的传世佳作，为了这些佳作，他真正是到了呕心沥血的地步。

【原文】

孟子曰："食而弗爱，豕交之也；爱而不

敬，兽畜之也。恭敬者币之未将者也，恭敬而无实，君子不可虚拘。"

【译文】

孟子说："养活而不爱护，是像猪那样来对待；爱护而不尊敬，是像禽兽那样来畜养。恭敬是礼物尚未致送就具备的，恭敬却没有实质，君子不可虚留。"

中山国遗址

【故事】

中山君有感于礼

中山君是战国初期一个小国的国君。一次，他为了笼络士大夫，以便巩固他的统治地位，便设下盛宴，真诚邀请住在国都的各位士大夫们前来参加。

有个名叫司马子期的士大夫也来了，因为来得较晚，人年轻，地位不高，只好坐在空下的末座上。大家喝着美酒，吃着野味，谈论着时政，兴致很高。酒过三巡，上羊肉汤了，每人一碗，唯独到司马子期座前，羊肉汤没有了。

司马子期坐在席间，丢了面子，觉得十分难堪。于是，异常恼怒，愤然起身，退席而走。他投奔楚国，劝楚王讨伐中山君，自己做向导。

楚国是大国，兵强马壮。楚军与中山国的军队刚一交锋，中山国就溃不成军，中山君仓惶逃跑。途中，有两个手持武器的人，始终紧

中国古代教育智慧

战国中山国陵墓石刻

紧跟随着，不惜流血受伤，拼着性命保护他。中山君很纳闷，问："你们是什么人，为啥不顾自己，出死力保护我呢？"

这两个人回答说："大王您还记得吗？有一年夏天，麦子歉收，我们的父亲躺在大路旁的桑树下边，饿得眼睛都睁不开，眼看就要死了。这时，您路过，看到我们父亲的惨状，赶紧下车，拿出一壶稀饭，给我们的父亲喝了，父亲才免于饿死。后来父亲在临终时嘱咐我兄弟说：'中山君救我一命，你们要记住，日后中山君有难，定要以死相报。'我们这是礼尚往来，报答您的大恩啊！"

中山君听完后，仰天长叹，说："给予人家的东西不论多少，主要是在他真正有困难的时候；失礼得罪人，怨恨不在深浅，在于使人伤心啊。我因为一碗羊肉汤失礼了，结果失掉了国家；因为一壶稀饭救了一个人，在危难之时得到了两人以死相报！礼仪仁爱，这么的重要啊！"

中山君失礼，毁家亡国，教训是惨痛的。

【原文】

公都子曰："滕更①之在门也，若在所礼，而不答，何也？"

孟子曰："挟②贵而问，挟贤而问，挟长而问，挟有勋劳而问，挟故而问，皆所不答也。滕更有二焉。"

【注释】

①滕更：滕国国君的弟弟，曾向孟子求学。
②挟：凭仗。

【译文】

公都子说:"滕更在您门下的时候,好像是属于以礼对待的那种人,可是您却不搭理他,这是为什么?"

孟子说:"凭仗着自己是贵族而问,凭仗着贤能而问,凭仗着是长辈而问,凭仗着有功勋功劳而问,凭仗着有老交情而问,这些都属于我不回答的范围。滕更在其中占了两个方面。"

【故事】

尊师重道

尊师重道是指尊敬师长,重视老师的教导。尊师重道是中华民族传统美德,古往今来,代代相传,它从另一个侧面体现了中华民族的聪明智慧。中国古代思想家、教育家孔子把"教"与"政"视为同等重要,主张实行礼义教化。荀子将君师并称,认为"国将兴,必贵师而重傅"。唐代的韩愈说"举世不师,故道益离",认为只有尊师重道,整个社会才能按照"道统"的方向顺利发展。宋代的苏轼说"斯文有传,学者有师",认为教师对于发展文化,培养人才具有重要的作用。由于历代提倡尊师重教、尊师敬长,古代流传下来这方面的故事许许多多。如"子贡尊师""李世民教子尊师""张良拜师"等,这些故事生动形象地记叙了莘莘学子不辞劳苦虔诚拜师的历程,也展示了师者德高望重、悉心育人、传道授业

苏轼

苏轼(1037年—1101年),北宋文学家、书画家。字子瞻,号东坡居士。宋神宗时曾任祠部员外郎,哲宗时任翰林学士,曾出知杭州、颖州等,官至礼部尚书。后又贬谪惠州、儋州。南宋时追谥"文忠"。与父洵弟辙,合称"三苏",为"唐宋八大家"之一。

> **八顾**
> 顾：谓能以德行引导他人之意。东汉时期，士大夫们互相标榜，称郭林宗、宗慈、巴肃、夏馥、范滂、尹勋、蔡衍、羊陟等八人为八顾（旧题晋·陶潜《圣贤群辅录》有刘儒，而无范滂）。也有把田林、张隐、刘表、薛郁、王访、刘祇、宣靖、公绪恭称为"八顾"的。这些都记载在《后汉书·党锢传序》中。

的崇高的思想境界。

东汉的大儒魏昭，少年时在京城是名声鼎赫的神童，据说他聪明绝顶，对所有诸子经典，他都能过目不忘。他十一岁时，就入太学学习，十五岁就被察举，被朝廷任命为官职。尽管魏昭名气很大，但是非常的虚心。郭林宗是远近闻名的大儒，他熟读各家典籍，学识渊博。魏昭久闻郭林宗的大名，想拜他为师。有一次他带着随从去郭林宗家里拜师，郭林宗为了考验他的诚心，就让仆人推托说他生病了不能见客。魏昭的随从忍耐不住了，他们愤然地说道："老爷，一介草民，不足挂齿，老爷不必为此劳神！"魏昭微笑着说："郭老师是名震四海的孺子，你们不能这么贬低他。我要在此等候，待老师病好后，自然会见我。"魏昭和随从就在郭府门前等了三天。郭林宗知道后，为之动容，便接见了魏昭。魏昭虚心地拜郭林宗为师。当时，郭林宗重病在身，终日与中药为伴。为了考验魏昭的诚心，郭林宗再次给魏昭出难题。进入郭府四五天，郭林宗还没有给魏昭教授一次，只是让他做些打扫的工作。一日深夜，郭林宗咳嗽不止，喝完药后就命魏昭给他煮粥，粥煮好之后，魏昭就端给郭林宗吃。郭林宗这时候就大声地呵斥魏昭说："为长辈煮稀饭，而不用心地恭敬侍奉，这样会使得长辈吃不下啊！"魏昭就再次煮粥，而且恭敬地侍奉；郭林宗又喝斥他煮得不好，魏昭又重新煮了一遍，谁知道又被同样地呵斥了第三遍，而魏昭的脸色丝毫都没改变；第四遍时，郭林宗终于笑着对他说："以往众多求学者，他们求学之心并不真诚，所以，他们敷衍与我，仅仅想投有名声罢了。可是，今日与君相见，才知君诚心一片。鄙人愿意为君之师，教授先秦诸子经典。"于是，郭林宗把自己所学到的知识都传授给魏昭，而魏昭也终成大器。

【原文】

孟子曰："君子之于物也，爱之而弗仁；于民也，仁之而弗亲。亲亲而仁民，仁民而爱物。"

【译文】

孟子说："君子对于万物，爱惜却不仁爱；对于民众，仁爱却不亲近。由亲近亲人而仁爱民众，由仁爱民众而爱惜万物。"

【故事】

秦襄王"不爱百姓"

春秋战国时的一天，秦国郎中阎遏、公孙衍外出办事。半路上看见一些百姓在庙前杀牛。现在不是祭祀的时节，百姓们为什么要杀牛呢？于是，两人好奇地上前询问，百姓回答说："杀牛祭老天爷，是为了还愿。"

"还什么愿？为什么要还愿呢？"两个郎中非常不解，想进一步了解情况。百姓解释说："早些天，听说襄王病了，我们就买了这

东汉时期细颈瓶

中国古代教育智慧

秦襄王陵

头牛，来庙里祈祷，并许愿说等襄王病好了，就杀了这头牛祭天。现在大王的病真的好了，我们就来还愿了。"原来是百姓们爱戴大王的表现方式啊，两位郎中听了恍然大悟。于是，他们回到王宫后，向襄王道贺："恭喜大王，大王的功德已经超过尧、舜了。"

秦襄王听了，不解地问："爱卿这话怎么说？"

两位郎中就把在街上见到的情景跟秦襄王说了，并且说："尧、舜虽是圣人，他们的百姓还不至于为他们祈祷、还愿。所以，我们私下认为，大王的功德已经超过尧、舜了。"

襄王忙派人调查这件事，看是什么地方的百姓所为，要罚那里的里正与伍老各出两副铠甲。阎遏、公孙衍知道了这件事情后，惊讶地问："大王为什么反而要惩罚他们呢？"

"你们为什么就不明白这个道理呢？"襄王解释说，"老百姓之所以为我所用，不是因为我爱他们，而是因为我有权势。现在，老百姓没有接到命令，就擅自为我祈祷，这是他们热爱我的表现。他们热爱我，我也必须爱他们。我一爱他们，就不能严格执法了。不能严格执法，就做不到令行禁止，这是亡国之道。所以，我不如责罚里正与伍老，使百姓们知道我严厉，不能爱我，我也不必示爱于他们。这样，就可以严格执法治理国家了。"

阎遏、公孙衍听得连连点头，他们这才理解襄王的良苦用心。

身为君王，当然应深爱着他的百姓，但爱从根本上说，要体现在把国家治理得繁荣昌盛，让百姓安居乐业。因此，秦襄王不大看重爱的表面形式，而是寓深爱于威严之中，这恰是一国之主对百姓有着真诚的、深层次爱的表现。

孟子的教育智慧

公孙衍

战国时纵横家。阴晋人。一称犀首。提倡合纵抗秦，曾身佩楚、韩、赵、魏、燕五国相印。

中国古代教育智慧

刘备三顾茅庐

十四、尽心下

【原文】

孟子曰："不信仁贤，则国空虚；无礼义，则上下乱；无政事，则财用不足。"

【译文】

孟子说："不相信仁贤，国家就空虚；没有礼义，上下关系就混乱；没有人施政办事，财物就不够使用。"

【故事】

良臣贤相诸葛亮

三国时期刘备继承汉统称帝，建立了蜀汉后，任命诸葛亮为丞相，来统理军国大政。身为主上最得力的辅佐，诸葛亮把自己身居次位的位置摆得很清楚。他极尽忠诚地完成为人臣子应尽的职分，所有的功劳都归主上所有。纵使自己才识过人，也从未凌驾于君主之上。而刘备非常信任他，对他备极尊重。这种君臣间的知遇之交，在历史上都是少有的。

后来刘备病重，对诸葛亮交代了后事。希望诸葛亮能辅佐继位的皇子，并授予了他废除皇子的权力，如果皇子不振作，不能治理好国家，那么诸葛亮可以废除皇子，并由他亲自统领操持蜀汉的朝政。诸葛亮听到刘备如此信任他，泣不成声地说："只要臣还活着一天，就一定会竭心尽力一心地效命、报效于朝廷，臣鞠躬尽瘁，死而后已。"刘备下诏诲勉他的皇子说："国家大事无论大小，一定都要向丞相求教。丞相对我蜀汉天下的忠诚，是天下所共知晓的。你要把他当成是自己的父亲一样来尊崇和孝敬。"

后主即位之后，诸葛亮被封为"武乡侯"，后来又兼任益州官，大大小小的政务都由诸葛亮来决断。身为辅国的重臣，诸葛亮为蜀汉制定了完善的典章制度，他整饬军队，发展蜀汉经济，强化社会治安，淳厚社会的道德风尚。在他当政的时期，对百姓的教化、政令行文都十分清楚明晰，法令严明而又合乎情理，政令峻切却从未有人感到不平。蜀国上下都十分敬畏他的威德，凡此种种，无不归功于丞相平等无私的爱民之诚。诸葛亮治理蜀汉的时候，百姓生活安定、物资充足，民风淳朴厚道。他整肃了当时的朝政，给百姓以持之深远的仁政与德教。

蜀汉的国政得以奠立四十多年的基业，无不仰赖诸葛亮忠心耿耿的操持。诸葛亮过世后，朝廷感念他的德政与功劳，为他建立了祠堂，全国上下都去祭拜于他。纵观诸葛亮的一生，他在国家最艰困的时候，以为臣的忠义担起了一国的重任。他身为治世的良臣贤相，统理一国之政，兢兢业业，小心谨慎，唯恐有所闪失，而辜负了先主刘备的托付，他总揽大权而又不失为国的礼度，堪为一国柱石。当然，也正是刘备真心相待，才铸就了这样一位忠心耿耿的义臣，为蜀汉的天下鞠躬尽瘁。君臣之间知心之交，就如同皓

诸葛亮雕像

中国古代教育智慧

嘉庆皇帝

清仁宗嘉庆皇帝（1760年—1820年），清朝入关后第五位皇帝，乾隆皇帝第十五子。乾隆六十年（1795年）九月公开立为皇太子，次年元旦即位，以是年为嘉庆元年，时年三十六岁。亲政后采取多项措施，力图保持康乾之盛世，但内忧外患重重，积重难返。由于腐败势力甚强，又缺乏新生机制，终难摆脱江河日下的命运。

月般地持久与真淳。

【原文】

孟子曰："民为贵，社稷次之，君为轻。是故得乎丘民①而为天子，得乎天子为诸侯，得乎诸侯为大夫。诸侯危社稷，则变置。牺牲既成，粢盛②既洁，祭祀以时，然而旱干水溢，则变置社稷。"

【注释】

①丘民：众民。牺牲：供祭祀用的纯色牲畜。

②粢盛：（zī chéng）古代供祭祀用的谷物之意。

【译文】

孟子说："人民最为宝贵，土神和谷神次要，君主为轻。因此得到老百姓拥护就可以做天子；得到天子的赏识，就可以做诸侯；得到诸侯的赏识就可以做大夫。如果诸侯危害社稷国家，就另外改立。用作祭祀的牲畜已经长成，用作祭祀的祭品已经洁净，就按时祭祀，如果仍发生旱灾水灾，那么就另外改换土神和谷神。"

【故事】

嘉庆慈爱得民心

嘉庆年间，有一个大理寺卿叫杨怿曾，受嘉庆召见，夏天很热，他挑帘就进去了。进去以后一看，嘉庆是汗流满面，摇着扇子扇风，他先跪下请安，随后嘉庆跟他问询了很多的问题，谈的时间比较长,他就看到嘉庆汗流满面,却始终没有挥扇,说明他尊重臣下,这么热你没用扇子我也不用扇子。

嘉庆还蠲免天下的钱粮,安徽有个巡抚,上报三百万两银子,他一看各地报的银子三百万两,他就说数太多,里头有水分,他吩咐各府州县,一律减掉百分之四十,重新造册上报。下面就反映时间太急,时间太紧来不及,这个事情嘉庆知道了,嘉庆就说:"损上益下,朕之愿也。"意思是蠲免就是上面有点损失,下面老百姓得到点利益,这是我的本意、我的意愿。

清嘉庆帝圣旨

嘉庆思考白莲教的事情后,作了一首诗:
内外朝臣尽紫袍,何人肯与朕分劳。
玉杯饮尽千家血,银烛烧残百姓膏。
天泪落时人泪落,歌声高处哭声高。
平时慢说君恩重,辜负君恩是尔曹。

中间的这四句,"玉杯饮尽千家血",官员豪富,用酒杯饮的不是琼浆玉液,是千家百姓的鲜血;"银烛烧残百姓膏",夜间歌舞辉煌,烧得不是蜡烛,是百姓的民脂民膏。"天泪落时人泪落,歌声高处哭声高",骂官员在那儿歌舞,拥着歌女高歌欢唱。这体现了嘉庆的仁爱之心,所以嘉庆在位期间杀了一大批贪官污吏。

【原文】

孟子曰:"养心莫善于寡欲。其为人也寡

洛神赋图局部（晋朝）

欲，虽有不存①焉者，寡矣；其为人也多欲，虽有存焉者，寡矣。"

【注释】

①存：指人的先天善性。

【译文】

孟子说："修养自己的心，最好的办法莫过于减少欲望。如果为人处世减少欲望，即使善性有所缺失，也不会失去很多；如果为人处世欲望很多，即使善性有所保留，也不会拥有很多。"

【故事】

清官吴隐之

晋末年，朝纲失禁，吏治腐败。豪门权贵、大小官员竞相以奢侈腐化为荣，以盘剥肆虐百姓为乐，甚至监守自盗，将国家必备的军需财物窃为己有。然而，也有为官数十年一尘不染、理财数载两袖清风的廉洁楷模，吴隐之就是其中的一个。

吴隐之少年时家中贫困，到十几岁的时候，父亲不幸病死，家境就更加困难了。一家人常常以粗糙的豆类和咸菜充饥度日。贫苦的生活，磨炼了吴隐之的品德。他勤奋好学、博览诗书、吃苦耐劳，而且孝顺母亲，敬重兄长。他为人处事，品行端正，即使每天喝粥，也不受外来之财。后来由邻居韩康伯推荐，吴隐之入朝为官，先是为辅国功曹，随即又改任参征房军事。吴隐之本来为人谦和，又博涉文史典籍，善于言谈，长得仪表堂堂，所以很快就获得了"儒雅之士"的好名声。

后来，吴隐之出任晋陵（今江苏常州）太守。晋陵地处京师附近，西晋末年随迁的侨民很多，鱼龙相杂，秩序混乱，为地方官吏搜刮民财提供了方便。然而吴隐之在任职期间，始终恪守情操，从未利用职权谋私骚扰百姓，从未加重过人民的负担。他甚至连仆人都不用，砍柴烧饭做家务都由妻子一个人承担。隆安（397年—402年）年间朝廷想革除岭南的弊端，吴隐之被任命为龙骧将军、广州刺史、假节领平越中郎将。赴

吴隐之不惧饮贪泉

任途中行至距广州二十里处的石门，遇一山泉，当地人皆说喝了此泉之水就会变得贪婪无比，故名"贪泉"。隐之对家人说："如果压根儿没有贪污的欲望，就不会见钱眼开，说什么过了岭南就丧失了廉洁，纯属一派胡言。"说着走到泉边舀了就喝，上任后，他廉洁奉公，清简勤苦，始终不渝，所食不过是稻米、蔬菜和干鱼，穿的是粗布衣衫，住处的帐帷摆设均交到库房，有人说他故意摆样子，隐之笑而不语，一如既往。部下送鱼，每每剔去鱼骨，隐之对这种媚上作风非常厌烦，总是喝斥惩罚后赶出帐外。经过他的惩贪官、禁贿赂，广州官风有所好转。元兴初，皇帝

中国古代教育智慧

贪泉

下诏，晋升他为前将军，赐钱五十万，谷千斛。

任职期满后，吴隐之被调回朝中做官并由中书侍郎、国子博士、散骑常侍等职，接连迁升至廷尉、秘书监、御史中丞、左卫将军等高级官职。当时东晋王朝动乱迭起，官场污浊不堪。许多达官显贵或争权夺势，或沉溺酒色、醉生梦死。吴隐之则出污泥而不染，清廉之风没有任何改变。他既不贪图淫逸，也不攀附巴结权贵，所得俸禄和赏赐，总要和贫穷的亲族共同享用，不肯为自己积蓄和添置衣服、被褥等。史载吴隐之寒冬腊月，都没有一床像样的新被褥。身上穿的衣服不仅破旧，而且没有替换的。妻子给他洗衣时，他经常披一块棉絮待衣服晾干再穿，清贫俭朴，和普通老百姓没有什么两样。吴隐之洁身自好、清心寡欲、生活如平民的操守得到了天下百姓的称赞和爱戴。